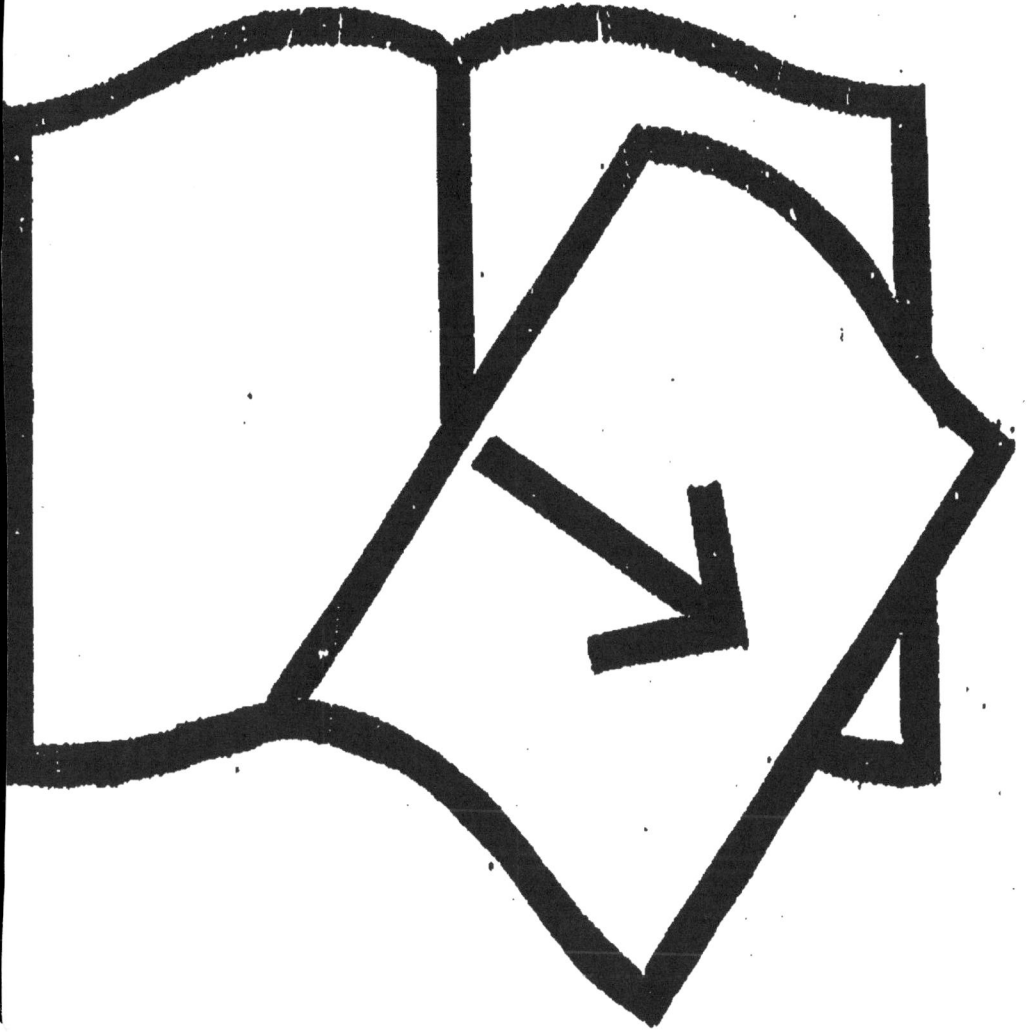

Couverture inférieure manquante

GUADELOUPE

PHYSIQUE, POLITIQUE, ÉCONOMIQUE

AVEC UNE NOTICE HISTORIQUE

PAR

A. BOUINAIS

Capitaine d'infanterie de marine, licencié en droit
Chevalier de l'ordre royal d'Isabelle la Catholique, membre des sociétés
de Géographie de Paris et de Rochefort, et de la société des Études
coloniales et maritimes.

PARIS

CHALLAMEL, AINÉ, LIBRAIRE-ÉDITEUR

5, rue Jacob, et rue Furstemberg, 2

POINTE-A-PITRE	LA BASSE-TERRE
GRELLIER et IPHIGÉNIE	EM. BLANCHET
J. BRUGÈRE	
Louis AUGUSTE	LE MOULE
G. JOUBERT et A. LACROIX	ALEXANDRE MICHAUX

1882

GUADELOUPE

PHYSIQUE, POLITIQUE, ÉCONOMIQUE

1

GUADELOUPE

PHYSIQUE, POLITIQUE, ECONOMIQUE

AVEC UNE NOTICE HISTORIQUE

PAR

A. BOUINAIS

capitaine d'infanterie de marine, licencié en droit
Chevalier de l'ordre royal d'Isabelle la Catholique, membre des sociétés
de Géographie de Paris et de Rochefort, de la société des Études
coloniales et maritimes.

PARIS

CHALLAMEL, AÎNÉ, LIBRAIRE-ÉDITEUR

5, rue Jacob, 5

——

1881

AVANT-PROPOS

L'accueil fait en France et aux Colonies à la première partie de la « Guadeloupe physique, politique et économique » nous a déterminé à réunir en un seul volume, avec ou sans carte, nos notes sur la Colonie.

La partie physique a été complètement remaniée et constitue en quelque sorte un travail nouveau ; la géographie politique a été traitée avec ampleur, et donnera, nous le souhaitons, un aperçu complet de notr organisation coloniale au point de vue des institutions politiques, institutions dont le jeu ne saurait trop attirer l'attention, à la Guadeloupe, si progressive dans ces dernières années, et en France où les choses d'outre-mer sont de plus en plus à l'ordre du jour ; enfin, la Géographie économique a reçu les développements que comporte la question dans un pays où l'agriculture tient une place aussi exceptionnelle.

Un index bibliographique permettra au lecteur

de consulter les ouvrages que nous avons mis à profit.

Notre œuvre, est-il besoin de le dire, n'a d'autre mérite que d'être sincère. Un séjour de près de cinq ans à la Guadeloupe nous a permis d'étudier une de nos plus belles colonies. Notre livre a pour but de faire connaître cette colonie, de la faire aimer comme nous l'aimons nous-même. Toute notre pensée est là et nous nous plaisons à espérer qu'en l'exprimant, nous mériterons l'indulgence de ceux qui y vivent, en même temps que nous ferons naître l'intérêt chez ceux qui en sont éloignés.

A. BOUINAIS.

Rochefort, le 25 juin 1881.

GUADELOUPE

NOTICE HISTORIQUE

Au mois de novembre 1493, Christophe Colomb, faisant voile une seconde fois vers le nouveau monde, découvrait la Guadeloupe, Marie-Galante, la Désirade, les Saintes, et abandonnait presque aussitôt ces petites îles pour s'emparer d'îles plus importantes.

La Guadeloupe était alors habitée par les Caraïbes, hommes de race rouge, venus de l'Amérique du Nord et de la Floride. Leur peau était olivâtre, et ils la frottaient avec du roucou; ils étaient polygames et anthropophages. Les Caraïbes nommaient leur île *Karukera*. Christophe Colomb lui donna le nom de Guadeloupe, suivant les uns pour rendre hommage à Notre-Dame de la Guadelupe, suivant d'autres à cause de la ressemblance de ses montagnes avec celles de la Sierra de Guadelupe.

Colomb revint visiter la Guadeloupe en avril 1496, et, depuis cette époque, près d'un siècle s'écoula sans que les Européens songeassent à y créer des établissements. Les expéditions de la France en Italie, ses guerres civiles et religieuses ne lui permirent pas, au début, de contrebalancer les succès des Espagnols et des Portugais dans le nouveau monde, et nous n'avions encore pris pied en Amérique qu'au Canada quand Richelieu songea le premier au parti qu'on pourrait tirer de la découverte des petites Antilles (1). Belain, sieur d'Esnambuc, gentilhomme de Normandie, « capitaine du roi dans les mers du Ponant », et du Rossey furent autorisés à créer une Compagnie avec privilège. Ils débarquèrent à Saint-Christophe, en même temps que le capitaine anglais Warner (8 mai 1627). D'Esnambuc, resté seul, réussit, après une lutte de huit ans contre ses ambitieux voisins, à coloniser la partie dont il avait fait la conquête et à lui donner une prospérité telle, qu'il songea bientôt à fonder de nouveaux établissements à la Guadeloupe, à la Martinique et à la Dominique. L'honneur ne lui en revint pas. Un de ses lieutenants, Liénard de l'Olive, l'avait devancé en France et avait obtenu de la Compagnie, pour lui et un gentilhomme dieppois nommé Duplessis, sieur d'Ossonville, qui préparait un armement pour les Antilles, le commandement pendant dix ans, moyennant une redevance d'un dixième des produits, de celle de ces trois îles où il jugerait convenable de s'établir.

Ils abordèrent, le 25 juin 1635, à la Martinique, mais abandonnèrent l'île très accidentée et remplie de serpents, et firent voile vers la Guadeloupe (2).

(1) La Martinique fut découverte en 1502, dans la dernière expédition de Colomb.

(2) Devancé à la Guadeloupe, d'Esnambuc fit voile vers la Martinique, débarqua le 15 septembre 1635 au Carbet, non loin de l'endroit où s'élève actuellement Saint-Pierre, et prit possession de l'île avec une centaine d'hommes.

Le 28 juin 1635, ils débarquaient avec 550 personnes, parmi lesquelles 400 laboureurs engagés par la Compagnie des îles d'Amérique, au nord-ouest de l'île, à la pointe du Vieux-Fort.

Duplessis mourut au bout de six mois. Liénard de l'Olive, resté seul, ne s'occupa plus que d'exterminer les Caraïbes avec l'aide de quelques flibustiers des îles voisines. Il accumula ruines sur ruines, sans réussir à les chasser complètement.

Ce ne fut qu'en 1660 qu'un traité de paix nous rendit complètement maîtres de l'île et assigna la Dominique et Saint-Vincent comme résidence aux vaincus, qui n'étaient plus que 6.000.

De 1636 à 1642, trois Compagnies possédèrent la Guadeloupe et s'y ruinèrent par leur avidité et les luttes qu'elles soutinrent contre les indigènes.

En 1649, le marquis de Boisseret acquit de la dernière Compagnie, dont il était l'agent, pour lui et son beau-frère Houel la propriété de la Guadeloupe, de Marie-Galante, de la Désirade et des Saintes, moyennant 60.000 livres tournois et une redevance de 6.000 livres de sucre par an.

De cette suzeraineté date le commencement de la prospérité de la colonie. Quelques Hollandais fuyant le Brésil, d'où les avaient chassés les Portugais, s'établirent dans l'île avec 1.200 esclaves. Leur précieux concours permit de développer les cultures de la canne et du cacao; ce furent eux, suivant l'opinion généralement admise, qui créèrent les premières sucreries (1).

_____

(1) La monnaie d'échange était alors le tabac; les colons payaient

En 1664, Louis XIV, sur les instances de Colbert, fatigué des plaintes auxquelles donnaient lieu par leurs exactions les successeurs de Boisseret, acheta l'île pour le prix de 125.000 livres tournois. Malheureusement, dominés par les idées économiques du temps, Louis XIV et Colbert, au lieu d'accorder la liberté de commerce à la Guadeloupe, conflèrent l'exploitation de la colonie à une Compagnie de nouvelle formation, appelée Compagnie des Indes occidentales.

Cette Compagnie commit les mêmes fautes que les propriétaires auxquels elle succédait et fut dissoute en 1674. Louis XIV paya ses dettes, qui dépassaient 8 millions, et remboursa son capital, qui atteignait 1.500.000 francs. A partir de cette époque, la Guadeloupe et ses dépendances firent partie des domaines de la couronne. Un gouverneur et un intendant administrèrent la colonie. L'édit de 1669, autorisant la noblesse à faire le commerce d'outremer, permit à tous les Français d'y commercer.

Bien des fautes furent commises durant cette première période de colonisation. Parmi celles qui eurent les plus graves conséquences, signalons : 1° les rigueurs dont furent abreuvés les engagés que séduisaient des promesses mensongères et qu'on leurrait dès leur arrivée, sans même chercher à leur épargner les privations les plus dures; 2° la dépendance vis-à-vis de la Martinique, sous laquelle la Guadeloupe fut placée en 1668, dépendance qui entrava longtemps son développement; 8° l'in-

00 livres de tabac une aune de toile, 750 livres de tabac un baril de lard.

troduction des esclaves, tolérée avant 1673, favorisée par des concessions à partir de cette époque.

A quel degré de prospérité ne serait point parvenue la Guadeloupe, si la métropole, renonçant à faire de ses engagés des serviteurs esclaves, eût déterminé un libre courant d'émigration vers notre possession, en y attirant des travailleurs par la gratuité des passages et la distribution de concessions à l'arrivée ?

Au tableau des vicissitudes de cette première période de colonisation, opposons avec fierté celui des luttes que soutinrent contre les Anglais nos colons en 1666, 1691 et 1703 avec leurs milices et l'aide de quelques troupes régulières mesurées trop parcimonieusement par la métropole.

Ces milices avaient deux buts : garder le pays contre l'ennemi qu'avait introduit l'esclavage, et défendre le territoire menacé par l'étranger. Cette double préoccupation fit des premiers colons des soldats aguerris et leur permit de repousser victorieusement les attaques répétées des Anglais. « Mieux vaut avoir affaire à deux diables qu'à un seul habitant français », disaient les Anglais (1).

On doit aussi mentionner à cette époque le rôle glorieux que prit à la défense de 1703 une compagnie de noirs organisée par le Père Labat.

La longue période de paix qui s'étend du traité d'Utrecht à la guerre de Sept-Ans (1713-1756) permit à la colonie de faire des progrès sensibles.

C'est dans cet intervalle que se développa la cul-

(1) Il est bon de rappeler ces paroles, au moment où le service militaire va être établi aux colonies.

ture du café, introduite d'abord à la Martinique par le capitaine de Clieu en 1728, culture qui se propagea rapidement dans nos possessions des Antilles.

C'est aussi dans la même période que disparurent les engagés. Leur introduction en 1716 était de un sur vingt esclaves; à partir de 1719, ils furent pris parmi les vagabonds et les gens condamnés aux galères; la durée de leurs services, qui avait été réduite à dix-huit mois en 1678, fut reportée à trois ans en 1728. A dater de 1735, il n'est plus fait mention des engagés. Les capitaines, jadis obligés de porter dans les îles un certain nombre d'engagés, furent dès lors tenus d'y introduire le même nombre de soldats et d'ouvriers destinés au service des colonies.

Les revers de la guerre de Sept-Ans eurent leur contre-coup aux Antilles. L'amiral Moore, après une tentative sur la Martinique qui échoua, grâce à l'énergie du gouverneur général, le marquis de Beauharnais, se présenta, en janvier 1759, devant la Guadeloupe avec une escadre formidable et des troupes de débarquement. La Guadeloupe avait comme défenseurs quelques troupes régulières et ses milices. Mais les colons de 1759 n'étaient plus les petits propriétaires de 1691 et de 1703; ils se défendirent mollement, mal commandés qu'ils étaient par leur gouverneur, Nadau-Dutreil; les secours qu'aurait pu leur envoyer le gouverneur général arrivèrent trop tard; enfin l'immobilité d'une escadre française qui était à la Martinique depuis le 8 mars acheva de les perdre, et la Guadeloupe capitula le 27 avril.

La population de l'île à cette époque s'élevait à 9.648 blancs et 41.000 esclaves. La Guadeloupe nous fut rendue en 1768 par le traité de Paris.

L'année 1768 si néfaste à la France qui abandonnait à l'Angleterre, *par* le traité de Paris, ses plus belles colonies, le *Canada* avec la Nouvelle-Ecosse et le cap Breton, le *Sénégal* et aux *Antilles* : la Grenade, Saint Vincent, la Dominique et Tabago, — marqua au contraire d'un grand éclat dans les annales de la colonie. C'est cette année que la Guadeloupe échappa pour la première fois à la suzeraineté de la Martinique (1) et que la ville de la Pointe-à-Pitre fut fondée au quartier du Morne Renfermé.

La perte de nos possessions au Canada et dans l'Inde amena la métropole à s'occuper des Antilles avec plus de sollicitude, et quand la Guadeloupe devint définitivement indépendante (2), en 1775, elle était fort bien préparée à prendre cet essor brillant dont l'apogée devait être en 1789.

Malgré un ouragan terrible qui la ravagea en septembre 1766, malgré les alarmes qu'inspira à son commerce la guerre des Etats-Unis d'Amérique, ses cultures s'étendirent et sa population augmenta. Elle avait, en 1789, 107.226 individus, dont 13.938 blancs, 3.149 affranchis et 90.189 esclaves; 85.000 hectares étaient cultivés, et son mouvement com-

---

(1) Le chevalier de la Bourlamaque, maréchal de camp, gouverna le premier la Guadeloupe indépendante. Il mourut malheureusement en 1764, laissant d'unanimes regrets; son successeur fut le comte Nolivos.

(2) Sous le gouvernement du capitaine de vaisseau d'Arbaud.

mercial se chiffrait par 82.000.000 de livres tournois.

Pour se rendre compte du bouleversement que produisit la Révolution française à la Guadeloupe, il importe de dire quelques mots des éléments disparates qui composaient alors sa population. Une noblesse aventurière et un clergé entreprenant, mais plein de tolérance, tenaient le premier rang dans la société; une petite bourgeoisie de négociants, de capitalistes et de fonctionnaires occupait le second; au troisième rang venaient les engagés, domestiques, laboureurs, dont l'envoi se continua pendant cent quarante-huit ans. Ces trois groupes constituaient la classe blanche. La population de couleur se divisait en hommes libres et en esclaves. Les hommes libres étaient les enfants de couleur nés du commerce des blancs et des négresses. Au début de la colonisation, ils suivaient la condition de leur père et effaçaient sa faute en recevant la liberté. Cette classe eût rapidement augmenté, si en 1684, Louis XIV n'eût décidé que désormais les enfants suivraient la condition de leur mère. La classe des hommes libres comprit alors les anciens affranchis, leurs descendants et les rares esclaves qu'on affranchissait. Exclus des fonctions publiques et privés des droits politiques, les affranchis jouissaient seulement des droits de propriété et d'égalité devant la justice.

Nos deux premières Assemblées ne firent rien ou presque rien pour les colonies; la question de l'esclavage n'y fut même pas posée. La Constituante agita la question des droits politiques à l'égard des hommes de couleur libres ; l'Assemblée législative supprima en 1792 la prime accordée aux traitants.

La Convention, le 16 pluviôse an II (4 février 1794), rendit son fameux décret abolissant l'esclavage et déclarant *citoyens français* tous les hommes, sans distinction, domiciliés dans les colonies.

Cet arrêt de la justice, exécuté par la violence, pour nous servir de l'expression si vraie de M. A. Cochin, rendu sans que l'autorité coloniale eût pris l'ombre d'une précaution préparatoire, fit éclater la guerre civile.

Profitant de nos déchirements intérieurs, les Anglais s'emparèrent de l'île et de ses dépendances le 21 avril 1794 (1). Le Comité de salut public avait cependant préparé une expédition pour empêcher notre colonie de tomber aux mains de l'ennemi. Elle arriva quarante jours après la prise de l'île.

Chrétien et Victor Hugues, les deux commissaires de la Convention, firent des prodiges et reprirent la Guadeloupe après une lutte de sept mois, contre les généraux Graham et Prescott. Ils avaient, avec deux frégates, 1.200 hommes et l'aide des habitants, chassé 8.000 Anglais, appuyés par une division navale.

Le Consulat détruisit ce qu'avait fait la Convention : l'esclavage fut rétabli par la loi du 80 floréal an X (20 mars 1802).

La même année, le général Richepance, envoyé

---

(1) Ce fut l'archipel des Saintes, où quelques travaux de défense avaient été commencés, qui tomba d'abord aux mains de l'ennemi.

avec 8.500 hommes à la Guadeloupe pour y réprimer la guerre civile qui avait éclaté en 1801, pacifiait l'île après une expédition d'un mois et rétablissait dans ses fonctions le capitaine général Lacrosse, qui avait dû abandonner son gouvernement devant l'insurrection.

Tout occupé de compléter son système continental, Napoléon 1er avait réduit, en 1810, notre marine de commerce à un véritable cabotage. Notre marine militaire ne valait guère mieux; nos vaisseaux pourrissaient dans les ports, et chaque victoire sur le continent était balancée par la perte de nos possessions d'outre-mer et la ruine de notre marine.

Le 4 février 1810, 5.000 Anglais, conduits par le vice-amiral Cochrane et le général Beckwith, s'emparèrent de la Guadeloupe et la cédèrent à la Suède, par le traité de Stockholm (8 mars 1818). Cette puissance, pour reconnaître le prix de cette cession, prêtait son concours à la coalition contre la France.

Les événements se succédèrent en Europe avec une telle rapidité que la Suède n'eut pas le temps de prendre possession de la Guadeloupe. L'île fut rendue à la France par le traité de Paris (30 mai 1814). Les Anglais la reprirent de nouveau pendant les Cent-Jours, le 10 août 1815, et nous la restituèrent le 25 juillet 1816, époque depuis laquelle elle n'a cessé d'être française.

La Restauration rétablit dans la colonie l'état de choses antérieur à 1789 et soumit la Guadeloupe à un régime de lois spéciales dit *régime des ordonnances*. L'ensemble du système colonial fut maintenu, mais on en atténua les vices; le commerce fut moins entravé. L'exportation du sucre, qui était de 5.804.560 kilogrammes en 1816, atteignit le chiffre de 35.818.491 kilogrammes en 1828; celle du café s'éleva aux mêmes époques de 284.186 kilogrammes à 1.020.857 kilogrammes.

Le gouvernement de Juillet prépara l'abolition de l'esclavage, en développant l'instruction primaire et religieuse, en simplifiant la forme des affranchissements et en adoucissant le sort des esclaves. Il s'inspira des vues larges et généreuses du duc de Broglie, qui pendant plus de vingt-cinq ans se consacra à l'étude de cette question. Malheureusement les sages mesures qu'avait indiquées le duc de Broglie pour prévenir toute transition brusque ne purent être appliquées. La révolution de 1848 arriva comme un coup de foudre et rendit immédiatement la liberté aux esclaves. Les propriétaires reçurent une indemnité de 500 fr. par tête, payables un an après. La Guadeloupe souffrit beaucoup.

De 1847 à 1848 l'exportation du sucre tomba de 37.894.598 kil. à 20.453.742, et descendit encore plus bas les trois années suivantes; l'exportation du café subit de très faibles variations. — La population en 1847 était de 129.109 habitants dont 41.857 libres et 87.752 esclaves.

L'introduction d'immigrants, introduction qui aurait dû comme à la Réunion précéder l'émancipation, a permis à la colonie de se relever. Dix ans après l'abolition de l'esclavage, le mouvement général des affaires était supérieur à celui de 1848.

La Guadeloupe, malgré les épreuves de toutes sortes, tremblements de terre, ouragans, épidémies, incendies, qui la frappent depuis plus d'un quart de siècle, n'a cessé de donner les signes d'une vitalité extraordinaire.

Deux sénatus-consultes, celui de 1854 et celui de 1866, sont venus régler sa constitution. Les différents régimes qui la régissent lui ont donné une sorte d'autonomie sous le contrôle de la métropole.

La population n'a cessé d'augmenter et a atteint en 1879 le chiffre de 174.231 habitants (1). Sa production et son mouvement commercial ont pris des proportions plus grandes. Enfin, le traité du 10 août 1877, par lequel la Suède rétrocède l'île de Saint-Barthélemy à la France, est venu ajouter un nouveau fleuron à la couronne de ses dépendances.

(1) Au 1er janvier 1880, la population était de 177.945 habitants, immigrants et garnison compris.

GÉOGRAPHIE PHYSIQUE

§ I. **Structure générale et géologie**. — La Guadeloupe, située par 15° 59'—16° 31' latitude nord, et 63° 32'—64° 9' longitude ouest du méridien de Paris dans l'océan Atlantique, fait partie des petites Antilles ou îles du Vent, dont le mouvement général est le prolongement d'un des rameaux des Andes péruviennes. La circonférence de l'île est d'environ 444 kilomètres, sa superficie de 160.262 hectares. Divisée en deux parties par un canal long d'environ 11 kilomètres, large de 30 à 120 mètres, ayant au plus 5 mètres de profondeur, la Guadeloupe représente sur la carte, ainsi que l'a fait remarquer M. Jules Duval, deux ailes inégales déployées autour d'un axe qui en maintient l'unité, en même temps qu'il les sépare.

La partie occidentale s'appelle *Guadeloupe* proprement dite, la partie orientale *Grande-Terre*.

Dans la première, sorte d'ellipse irrégulière de près de 180 kil. de tour, d'une longueur nord-sud d'environ 46 kilomètres et d'une largeur d'environ 27 kilomètres, le sol d'origine volcanique est formé de porphyres, de trachytes, de laves et de basaltes dans les parties en pente, d'alluvions argileuses tantôt rouges tantôt jaunes dans les parties moins accldentées, principalement au Vent et au Nord. Une chaîne de montagnes très boisées dont la hauteur moyenne varie entre 1.000 et 1.200 mètres et dont le sommet le plus élevé, *la Soufrière*, atteint 1.484 mètres, la traverse du Nord au Sud, donnant naissance à d'impétueux torrents, sources de richesses et quelquefois de ruines, et ne laisse à la culture que les flancs de son système.

Dans la seconde, sorte de triangle dont la base est-ouest mesure environ 53 kilomètres et dont la hauteur nord-sud est d'environ 31 kilomètres, le sol est un terrain d'alluvion et repose sur des assises calcaires formées de coquillages et de madrépores. Là, point de système de montagnes, mais quelques monticules jetés au hasard. Au Nord, les *hauteurs de l'Anse-Bertrand*, forment un plateau de 95 mètres d'altitude, dont les pentes s'affaiblissent doucement au Nord et sont très raides au Sud; au Sud, les *grands fonds de Sainte-Anne*, formés de mornes abrupts, coupés de gorges profondes, courent parallèlement à la côte et s'élèvent à 115 mètres. Dans cette partie de l'île, il n'y a point de rivières; quelques ruisseaux sans pente, souvent desséchés, se frayent un passage vers la mer, en s'infiltrant à travers les sables.

La constitution géologique de ces deux parties de l'île est, comme on le voit, entièrement différente : l'une est de formation volcanique et a été travaillée par l'action des feux souterrains, l'autre a émergé lentement du fond de la mer (1).

(1) La constitution géologique de Marie-Galante et de la Petite-Terre est la même que celle de la Grande-Terre.

A la Guadeloupe, pays de montagnes et de forêts, les pluies sont abondantes, et la nature du sol permet aux eaux de se réunir et de former des torrents. A la Grande-Terre, au contraire, l'absence de montagnes et de forêts rend les pluies moins fréquentes, la sécheresse s'y fait sentir; le sol, faisant l'office d'une éponge, absorbe le peu d'eau qui tombe et forme des marécages.

§ II. **Orographie.** — Abordons maintenant, dans ses détails, l'orographie de la Guadeloupe proprement dite.

Son massif montagneux doit son existence à quatre volcans, dont un seul, *la Soufrière*, projette aujourd'hui des vapeurs. La clef de tout le système, au point de vue du tracé, est le *Sans-Toucher* (1,480 m.). Ce morne, moins élevé que la Soufrière de 4 mètres seulement, occupe à peu près le milieu de l'ellipse formée par les contours de l'île et sert de soudure à deux rameaux presque parallèles, en gradins, l'un par rapport à l'autre, courant dans une direction générale nord-sud, puis s'infléchissant l'un vers l'autre avant de se réunir en une masse unique dont l'arête se prolonge à peu près dans la même direction nord-sud, jusqu'à la mer. Le squelette de la chaîne affecte d'une manière générale la forme d'un Y, sur le jambage principal duquel s'échelonnent les points les plus élevés de l'île.

Parmi ceux dont l'altitude est connue, nous citerons, en partant de l'extrémité nord de la Guadeloupe, la pointe Allègre, et en nous dirigeant vers les Trois-Rivières : le *piton de Sainte-Rose* (1) (358 m.); la *Grosse-Montagne*, ancien volcan (720 m.); le *piton Baille-Argent* (610 m.); le *piton Guyonneau* (700 m.); la *Couronne* (800 m.); les *Mamelles*, ancien volcan (778-719 m.) auxquelles vient se souder la *montagne Saint-Jean*, séparant les deux bras de la Grande-Rivière, le plus important des cours d'eau de la Guadeloupe; les *sauts de Bouillante* (1.122-1.054 m.); le *Sans-Toucher* (1.480 m.); la *Soufrière* (1.484 m.); le *morne de la Madeleine* (1.050 m.); la *montagne du Trou-au-Chien* (440 m.); enfin, un peu en dehors de cette direction générale nord-sud-est, et sur la gauche, le *Houelmont*, ancien volcan (424 m.), et le *Caraïbe* (698 m.), se rattachant au système général par le col de Gourbeyre.

Le massif de Sans-Toucher, composé de quatre sommets principaux, le *Grand* et le *Petit Sans-Toucher*, le *piton la Moustique* et le *morne Gourbeyre* ou *Matélyane*, est le plus considérable de la chaîne. — C'est là que prennent naissance la rivière des Habitants, la rivière de la Capesterre et la Grande-Rivière.

Le volcan de la Soufrière, si bien étudié par l'éminent géologue Ch. Sainte-Claire Deville, mérite une description particulière; nous en signalerons les principaux caractères. La Soufrière forme un cône trachytique, qui surgit au milieu d'un vaste cirque de rochers de dolérite. Le point culminant

_____

(1) Le piton de Ste-Rose et la montagne du Trou-au-Chien sont à remarquer comme se détachant symétriquement de la chaîne, l'un au Nord, l'autre au Sud.

de ce cône est à 1.484 mètres au-dessus du niveau de la mer; il est situé à environ 9.700 mètres de la Basse-Terre en ligne droite. Le cratère est constitué par un plateau de 1.458 mètres d'altitude et de 850 mètres de diamètre ; la température moyenne est de 12 à 14 degrés; il projette encore des vapeurs sulfureuses à la température de 96°. Ce plateau présente successivement des vallées et des pitons arrondis et est traversé par plusieurs fentes. Le soufre est tantôt imprégné dans les roches, tantôt déposé à l'état de concrétion aux bouches des fumerolles ou dans les anfractuosités des rochers; on le trouve aussi mélangé mécaniquement aux sables et aux cendres des alentours.

Des fumerolles s'échappent des vapeurs aqueuses, qui, par suite du dégagement des gaz, produisent quelques détonations et un bruit imitant le sifflement des locomotives.

Le produit annuel du soufre, d'après le rapport de M. Mercier, ingénieur civil (*Revue coloniale*, 1849), ne paraît pas dépasser 2.800 kilos, et il n'y a aucun parti à en tirer ; la meilleure époque pour y monter est le *carême* et aussi, quelquefois, *la fin de septembre et le commencement d'octobre.* La Soufrière, souvent visible du côté de l'Ouest, c'est-à-dire du côté de la Basse-Terre, l'est rarement à l'Est, du côté de la Capesterre (1).

Du haut de la Soufrière, la vue s'étend sur toutes les îles voisines, et on peut même apercevoir les

_____

(1) La dernière éruption de la Soufrière remonte à 1790 ; une pluie de cendres grises a eu lieu en 1838.

contours de la Martinique (située à 110 kil. dans le Sud-Est).

Perpendiculairement aux branches de notre Y s'adossent les contreforts. Ils s'abaissent en pente douce vers la mer dans la partie orientale et s'enfoncent presque à pic dans la partie occidentale. Aussi la fertilité de la côte Est est-elle bien supérieure à celle de la côte Ouest.

Les montagnes de la Guadeloupe offrent, tour à tour, une succession enchanteresse de cirques et de pitons; à l'altitude de 1.000 mètres, les sommets se voilent majestueusement de la blanche vapeur des *alizés* qui s'y condensent; dans les vallées, le maigre filet d'eau de la saison sèche, vienne l'hivernage, mugit tout à coup et roule impétueusement.

§ III. **Côtes.** — Connaissant la structure de l'ensemble du pays, nous passons naturellement à l'étude des côtes; nous ferons le tour des deux parties de l'île, en commençant par l'Est.

L'extrémité de l'île se nomme *pointe des Châteaux*. C'est une langue de terre remarquable par ses falaises, dont la plus élevée atteint 44 mètres. Le site formé en cet endroit par l'agrégation des rochers, taillés irrégulièrement, est d'une grande sauvagerie.

De la pointe des Châteaux au port de la Pointe-à-Pitre, la côte est généralement basse; elle présente une série d'anses et de pointes; on y remarque quelques salines.

Le fond de la mer est formé de sables et de bancs de coraux. Entre les coupures des récifs, nous trouvons le *port de Saint-François*, la *petite baie de l'Anse à la Barque* et le *mouillage de Sainte-Anne*, dont les hauts fonds rendent la circulation assez difficile. La commune de Saint-François forme un chef-lieu de canton; elle a une usine centrale; sa population est de 6.269 habitants (1).

Sainte-Anne fut jusqu'en 1767 le chef-lieu de la sénéchaussée de la Grande-Terre; on y compte quatre usines centrales; sa population est de 8.785 habitants; dans le voisinage du bourg, on trouve quelques carrières de pierre de taille; sa plage est fréquentée par les baigneurs. Vient ensuite le *mouillage du Petit-Hâvre*, où les goëlettes chargent du sucre. Entre Sainte-Anne et le Petit-Hâvre, la côte présente une série de falaises d'un effet très pittoresque.

Un peu plus loin, nous remarquons la *pointe Caraïbe*, la plus méridionale de la Grande-Terre, puis en face du *bourg du Gozier* (4.914 h.), l'îlot de ce nom, élevé de quelques mètres. Cet îlot, pourvu d'un feu fixe d'une portée de sept milles, est le rendez-vous des pilotes qui aident la navigation entre la pointe des Châteaux et la pointe du Vieux-Fort.

A l'îlot du Gozier commence le *Petit-Cul-de-Sac*, dont le bassin, formé par la Grande-Terre et la Guadeloupe, a pour côté extérieur la ligne allant de

_____

(1) Les chiffres que nous donnons sont ceux que fournit l'annuaire de la Guadeloupe; ils se réfèrent toujours à la commune, et ont pour date le 1er janvier 1879; ce sont ceux de la population créole, déduction faite des immigrants et de la garnison.

Les chiffres de l'année 1880 sont un peu plus forts.

l'îlet du Gozier à la pointe Goyave. Dans la partie orientale de ce cul de-sac, nous trouvons la *Grande-Baie*, sorte de cuvette dont la pointe Verdure et le fort l'Union indiquent les bords ; cette Grande-Baie sert de rade extérieure à la Pointe ; c'est là que mouillent les navires, en attendant l'entrée du port ; le fond de la baie forme une plage de sables bordée d'arbres.

La rade de la *Pointe-à-Pitre* est un bassin formé par la côte occidentale de la Grande-Terre, la côte orientale de la Guadeloupe et les îlots qui vont de l'îlet à Cochons à la pointe Jarry (1). Ce bassin communique au Nord et au Sud avec le Grand et le Petit Cul-de-Sac, formés par le resserrement progressif et en sens inverse des côtes de la Guadeloupe proprement dite et de la Grande-Terre. La rade à laquelle donne accès un goulet tortueux d'environ 91 mètres de largeur, goulet dont l'étroitesse la protège contre la lame, a une superficie de plus d'un kilomètre carré et peut abriter la flotte la plus nombreuse ; on n'a pas à y craindre les ouragans, et on trouve 4 mètres d'eau au pied des quais : elle est éclairée par les feux du *Gozier* et de l'*îlet à Monroux*, tous les deux d'une portée de 7 milles. Les îlots qui la ferment sont séparés entre eux par des hauts fonds ; quelques défenses sous-marines les reliant suffiraient pour mettre le chef-lieu commercial de l'île à l'abri de toute insulte.

Il convient dès maintenant de signaler l'impor-

(1) L'îlet à Patate qui fait face à la pointe *Jarry* était, naguères, rattaché à cette pointe, et la route du Petit-Bourg aboutissait à son extrémité.

tance considérable que pourrait prendre, par suite du percement de l'isthme de Panama, la ville de la Pointe (18.028 h.), si l'on venait à améliorer son port, en remarquant que la Guadeloupe est, de toutes les Antilles, celle qui se présente la première, sur la route de l'isthme, aux bateaux venant d'Europe. Les îlots de la rade sont : l'*îlet à Cochons*, à *Monroux*, à *Boissard*, à *Chasse*, à *Cassin*. Le plus important est l'*îlet à Cochons*, assez boisé et sur lequel on remarque un fort construit en 1869. L'îlet à Boissard, couvert de pavillons, sert de lieu de changement d'air aux habitants de la Pointe-à-Pitre. Sur quelques-uns, on fait de la chaux avec des lambis (1).

La côte suit une direction sud-est de la pointe Jarry à l'embouchure de la rivière du Coin; elle forme à cet endroit un angle droit avec sa direction première et affecte ensuite jusqu'à la Pointe-à-Launay la forme d'un arc de cercle dont la corde passerait par ce Cap et le sommet de la Soufrière. Les contours de cette partie de la Guadeloupe sont moins échancrés que ceux de la partie occidentale.

Dans le Petit Cul-de-Sac, et vis-à-vis de la côte à laquelle ils devaient être soudés autrefois, nous trouvons une série d'îlots qui portent les noms d'*îlets à l'Anglais*, à *Marpon*, à *Colas*, à *Nègre*, à *Cabrits*, à *Frégate de haut*, à *Frégate de bas*, à la *Hache*, à *Biche*, *grand Ilet*, îlet à *Moustiques*, îlet *Saint-Hilaire*, *Caye à Dupont*, îlet à *Fortune*. Ces

---

(1) Nous ne nous étendons pas à dessein sur la Pointe-à-Pitre dans cette description générale de la côte, nous réservant d'y revenir sous la rubrique : *Géographie politique*.

îlets sont à fond de corail bas sur la mer et généralement boisés.

Sur la côte boisée dans toute cette partie, à l'exception du littoral des bourgs, nous trouvons l'embouchure de la *rivière Lézarde* et un peu plus bas celle de la *Goyave*, les deux seules rivières de l'île, avec la Grande Rivière, navigables sur un faible parcours. Entre ces deux rivières sont situés, sur la côte, le *Petit-Bourg* et le *Bourg de la Goyave*, ce dernier sans importance. La diligence de la Basse-Terre à la Pointe dépose les voyageurs au Petit-Bourg (701 h.), d'où un canot à vapeur les met en trois quarts d'heure à destination.

Après la Goyave viennent : la *baie Sainte-Marie*, un des meilleurs ports du Petit Cul-de-Sac pour les bâtiments d'un faible tonnage (5 m. au plus) : c'est là que se chargent actuellement tous les sucres de la Capesterre, la *pointe Constant* d'une vingtaine de mètres de relief, puis la *Grande-Rivière*, dont les deux embouchures constituent la pointe de la Capesterre, formée des galets de la rivière du même nom. De cette dernière pointe à la Rivière du Trou-au-Chien, la côte présente une série de caps et de baies où les goélettes chargeaient autrefois les sucres. Les pentes de toute cette partie de la côte sont douces, et les rivières y sont, au point de vue des cultures, d'une certaine importance. La commune de la *Capesterre* (10.158 h.) est une des plus riches et des plus populeuses de l'île. C'est sur le territoire de cette commune qu'était l'habitation particulière de MM. de Boiseret et Neveux, co-propriétaires de l'île avec M. Houel, habitation qui devint plus tard le marquisat de Sainte-Marie. On y remarque encore l'habitation du Moulin-à-Eau, où l'on fait du sucre concret pour le marché américain.

Entre la Capesterre et la rivière du Trou-au-Chien, citons la *rivière du Carbet,* la *pointe de la rivière aux Bananiers.* De cette dernière rivière à la pointe des Trois-Rivières, les pentes du terrain sont abruptes, le littoral est comme écrasé par la montagne du *Trou-au-Chien,* (448 m.); c'est de ce côté que la Soufrière se rapproche le plus de la mer. Puis viennent le bourg des *Trois-Rivières,* la *pointe de la Grande-Anse* et la *Grande-Anse,* plage de sable et de galets sur laquelle est une ancienne batterie en ruines. Les pentes du sol deviennent plus douces; on est dans le voisinage du *col de Gourbeyre,* situé à 830 m. au-dessus du niveau de la mer, col qui sépare la Soufrière du Caraïbe. C'est sur le territoire de la commune des Trois-Rivières que se trouvait autrefois le marquisat de Brignon. Le bourg des Trois-Rivières (5.079 h.) sert de mouillage aux canots des Saintes, qui font la traversée en une heure et demie.

Nous remarquons ensuite la *pointe à Launay,* la plus méridionale de l'île, et la *pointe du Vieux-Fort* (930 h.), formées de roches noirâtres ferrugineuses, sur laquelle on remarque une ancienne batterie et une vieille poudrière. Cette pointe du Vieux-Fort oblige les marins à quelques précautions.

De la pointe du Vieux-Fort à la rivière des Habitants, la côte s'infléchit vers l'Ouest, puis se redresse pour prendre une direction générale Sud-Nord jusqu'à la pointe Allègre.

2*

Toute cette partie de l'île est très accidentée : les montagnes sont rapprochées de la côte, et leurs contreforts, plongeant à pic dans la mer, dessinent fortement les anses et les caps. La côte est généralement insalubre, le sol pauvre et peu cultivé.

Près de la Basse-Terre, nous trouvons, au pied du fort Richepance, l'embouchure de la *rivière des Galions*.

La *Basse-Terre* (8.687 h.) est une rade ouverte; les ras de marée y sont fréquents, et les navires y sont en danger pendant l'hivernage, dès que soufflent les vents du Sud ou de l'Ouest. Cette ville est le siège du gouvernement (1).

De la Basse-Terre à la rivière des Habitants, nous rencontrons : l'embouchure de la *rivière des Pères*, près de laquelle existait anciennement un bourg d'une certaine importance que les eaux emportèrent à plusieurs reprises et qui devint la Basse-Terre; le *bourg du Baillif* (2.513 h.), la *pointe de la Madeleine* avec une ancienne batterie, l'*anse et la rivière du Plessis*, les deux *embouchures de la rivière des Habitants*, le *bourg des Habitants* (3.519 h.). Près du Baillif se trouvaient les habitations du Père Labat, protégées par une tour dont on voit encore les restes.

Après les Habitants viennent l'embouchure de la *rivière Beaugendre* et l'*anse à la Barque*, très abritée; cette anse, assez profonde, sert pendant l'hivernage de refuge aux bâtiments qui fuient la rade

(1) Nous reviendrons sur son importance sous la rubrique : *Géographie politique.*

de la Basse-Terre; on y mouille un coffre à cette époque.

Bouillante (3.365) h.), qui fait suite, s'appelait autrefois l'*îlet à Goyave*, et tire son nom actuel des sources d'eaux chaudes voisines du bord de la mer, situées sur son territoire.

Le sol de cette commune est très travaillé par l'action des feux souterrains. C'est près de là que se trouve l'ancien volcan des Deux-Mamelles.

Le bourg de Bouillante et celui des Vieux-Habitants ont été l'objet des incursions répétées des Anglais.

Un peu plus haut, nous remarquons la *pointe à Lézard*, puis le *bourg du Pigeon*, les *îlets à Goyave* ou *Pigeon* couverts de figuiers et dont le plus élevé a 89 mètres d'altitude, la *Pointe Malendure*, l'*anse à Colas*, la *pointe Mahault*, falaise de 5 mètres d'élévation, l'embouchure de la *rivière Caillou* et le bourg de la *Pointe-Noire* ou *Caillou* (4.829 h.). Cette dernière commune est montueuse et insalubre.

Après avoir dépassé l'embouchure de quelques rivières sans importance, on arrive à la *pointe Ferry*, la plus occidentale de la Guadeloupe, plateau boisé de 20 mètres d'altitude. De là à la pointe Allègre, la côte s'infléchit en demi-cercle vers l'Est. Nous trouvons successivement l'*anse Deshaies*, mouillage pour les grands navires, dans laquelle est le bourg de ce nom (863 h.), extrêmement misérable (1), la *pointe du Gros-Morne* (208 m.), la

(1) Les habitants vivent de la pêche et principalement du produit du café et du roucou.

pointe de la Grande Anse bien sablée, les *pointes à Riflet* et du *petit Bas-Vent*, la *pointe du Vieux-Fort* (1). Toute cette côte est formée de gorges profondes. Entre la pointe Ferry et l'îlet à Kahouane dont nous parlerons plus bas, s'étend à une petite profondeur dans la mer, suivant les sinuosités de la côte, le *banc du Grand-Sec* très connu des pêcheurs.

La partie nord de la Guadeloupe s'étend de la pointe Allègre à Rivière-Salée. La côte est basse jusqu'à Sainte-Rose; quelques roches émergent sur les sables et leur donnent un certain relief, formant ainsi les *pointes Nogent, Madame, à Roche, Granger*, et de la *Grande-Rivière* A partir de Sainte-Rose, ce ne sont que palétuviers jusqu'au Port-Saint-Louis; de petites rivières viennent se perdre dans des anses faiblement accusées et donnent à cette partie de l'île une grande fertilité, mais la rendent très malsaine. Nous remarquons, en suivant la côte, le bourg de *Sainte-Rose* (5.795 h.) et l'embouchure de la grande rivière à Goyave, le cours d'eau le plus considérable de l'île; on peut le remonter jusqu'à 9 kilomètres dans l'intérieur. La commune de Sainte-Rose est une des plus populeuses et des plus riches de la Guadeloupe. Les palétuviers et les raisiniers du littoral, loin de nuire à la prospérité de la commune, abritent ses vastes champs de cannes contre un vent trop chargé de matières salines. C'est dans cette com-

(1) Ne pas confondre cette pointe au Nord, où débarquèrent les premiers colons, avec celle du Sud.

mune, à l'anse dite du *Vieux-Fort*, que débarquèrent L'Olive et Duplessis en 1685.

A partir de la Grande-Rivière, la côte se creuse fortement pour former le *Grand-Cul-de-Sac-Marin*. Les pointes sont très saillantes et les baies plus profondes. Parmi ces dernières, on remarque : la *baie du Lamentin*, au fond de laquelle se trouve la commune de ce nom (5.264 h.), dont le territoire avait été érigé, en 1707, en marquisat de Houelbourg ; la *baie Cercelle* et la *baie Mahault*, ainsi que le bourg de ce nom (4.982 h.); ces deux baies sont séparées par un cap très aigu, la *pointe à Nègres*. La baie Mahault servait autrefois de mouillage aux bâtiments de guerre. Le territoire de cette dernière commune (ancien comté de Lohéac), bordé à l'Est par la Rivière-Salée, couvert de mangles et de palétuviers, est entièrement malsain; c'est le plus bas et le plus inondé de toute l'île. Enfin, avant d'arriver à la Rivière-Salée, la *baie de la Madeleine* et la *baie à Chatte*.

Une grande barre de cayes et de roches madréporiques, s'étendant de l'îlet à Kahouane, situé à l'ouest de la pointe Allègre, à la pointe du Gris-Gris, située au nord du Canal, forme avec la côte un vaste bassin de 2 à 6 kilomètres de large; la mer y est toujours calme. Les îlots de cette barre sont généralement couverts de verdure, de cactus et de raquettes; sur quelques-uns on trouve des cabanes de pêcheurs. On y fait de la chaux avec des lambis et des coraux. Le plus à l'Ouest, l'*îlet à Kahouane*, a 74 mètres de haut. Viennent ensuite la *Tête-à-l'Anglais* (46 mètres), l'*îlet Blanc*, l'*îlet à*

Caret, l'*îlet à Fajou,* le plus grand de tous, dont plusieurs hectares auraient été submergés par le tremblement de terre de 1843; l'*îlet à Colas,* pour lequel le même phénomène s'est produit incontestablement; l'*îlet et la pointe Macou.* Dans l'intérieur du bassin, on remarque encore quelques îlots sans importance : l'*îlet du Petit-Carénage,* du *Grand-Carénage,* à *Biche,* à *Christophe.* Enfin, entre ces derniers îlets et la côte, près de Sainte-Rose, notons les *petits îlets,* au nombre de quatre, puis l'*îlet à Moustique* dans la baie de ce nom, tous couverts de palétuviers.

L'inconvénient du Grand Cul-de-Sac est d'être obstrué de bancs qui assujétissent la navigation à de grandes précautions; aussi le chenal suivi par le vapeur qui relie la Pointe à la Basse-Terre, en passant par Sainte-Rose, a-t-il été soigneusement balisé. Différentes passes, la *passe pour les Grands bateaux* entre la Tête-à-l'Anglais et l'îlet à Kahouane, les *passes de la Grande-Coulée,* aux *Pirogues,* à *Caret,* à *Fajou,* à *Colas,* y donnent accès à l'Est et au Nord.

La *Rivière-Salée* sépare, comme nous l'avons dit plus haut, l'île en deux parties. Sa navigation est difficile et peut seulement être effectuée par les caboteurs. On a souvent proposé de la creuser, afin de permettre aux grands bâtiments de la traverser; jusqu'à présent, on a reculé devant la dépense, qui serait énorme et ne pourrait être supportée par la colonie, à moins que la Pointe-à-Pitre ne prît, par suite du percement de l'isthme de Panama, l'importance à laquelle elle semble appelée (1).

(1) M. Ploix, ingénieur hydrographe de la marine, auteur du

A l'extrémité nord de la rivière, sur les palétuviers, on trouve nombre de petites huttes qui servent à abriter les chasseurs de sarcelles ; le dimanche, c'est fort animé.

A l'extrémité sud, se trouve le passage de ia gabarre, par lequel la Grande-Terre communique avec la Guadeloupe.

Un bateau à vapeur va deux fois par semaine de la Pointe-à-Pitre à la Basse-Terre, et *vice versa*, en passant par la Rivière-Salée ; il stationne devant les différents bourgs de cette partie de l'île, d'où l'on envoie à bord par des canots passagers et provisions.

De la Rivière-Salée à la *pointe du Gris-Gris*, où finit le Grand Cul-de-Sac, la côte est couverte de palétuviers ; les anses, à l'exception de celle *du Figuier*, où nous trouvons l'*îlot de la Voûte*, sont peu profondes ; les rivières n'ont pas de pente, et, pour assainir le pays, on a dû les canaliser. Sur cette partie de la côte, nous remarquons : l'embouchure de la *Rivière à Perrin*, la *pointe à Macou* et

Pilote de la Guadeloupe, après avoir estimé que pour une profondeur de 5 mètres, une largeur moyenne de 60 mètres sur le parcours, de 100 mètres aux embouchures, la dépense serait d'environ 2.500.000, ajoute :

« Ce ne serait pas, d'ailleurs, cette seconde entrée qui pourrait donner au port de la Pointe-à-Pitre une grande importance ; il présente assez de sécurité pour être très recherché sous ce rapport, aux Antilles ; ce qu'il faudrait surtout, ce serait d'offrir aux bâtiments qui y viennent, plus de ressources, des rechanges de toutes espèces, des ateliers très bien montés pour la réparation des machines, de l'eau surtout à bon marché, des citernes flottantes, etc.; enfin, il faudrait leur offrir une législation douanière avantageuse. » Ces excellents conseils seront, nous l'espérons, mis à profit.

l'*îlet à Macou*, couvert d'arbres, soudé à la côte au siècle dernier, l'*Anse du Morne-à-l'Eau* avec le vieux bourg de Morne-à-l'Eau très malsain et presque abandonné, les *îlets de la Voûte*, l'entrée du *canal des Rotours*, la *Pointe à Retz*, le bourg du *Petit Canal* (6.007 h.) qui possède une usine centrale, la *Pointe du Fer-à-Cheval*, l'embouchure du *canal Faujas.* A quelque distance du vieux bourg du Morne-à-l'Eau, se trouve le nouveau bourg de Bordeaux-Bourg ou *Grippon* (6.668 h.), dans une situation éminemment favorable, au centre de la Grande-Terre et au croisement des routes de la Pointe-à-Pitre au Port-Louis et au Moule. Ce bourg est appelé à prendre une importance considérable, si l'on vient à construire un chemin de fer de la Pointe au Moule pour remédier aux inconvénients que présente le port de cette dernière ville.

De la Pointe du Fer-à-Cheval à la Pointe Gris-Gris, la côte est formée de sable et de roches, derrière lesquelles on trouve des raisiniers, puis des herbes coupantes ; de la pointe du Gris-Gris à la pointe de la Grande-Vigie ou du Nord, elle forme un angle obtus qui a pour sommet la pointe d'Antigue, présentant successivement du sable et des roches jusqu'à la Pointe-Plate ; à partir de la Pointe-Plate, des falaises sans végétation s'enfoncent verticalement dans la mer. Une ceinture de rochers formant bourrelet entoure ces falaises ; la mer s'engouffre avec violence dans les grottes qu'ils forment, et en sort en jets qu'on nomme *souffleurs ;* la plus remarquable de ces grottes est celle du *Trou-aux-Vaches*, près de l'Anse-Bertrand, où la mer jaillit à plus de dix mètres de hauteur. Le long de la côte, nous trouvons, offrant un excellent mouillage, *Port-Louis* (5.159 h.), — chef lieu de canton qui possède deux usines centrales et est relié à la Pointe-à-Pitre par un bateau à vapeur et par une diligence (1), — la *pointe d'Antigue* surmontée d'une ancienne batterie, le bourg de l'*Anse-Bertrand* (4.644 h.), la *Roche-Percée* remarquable par ses grottes, et la pointe de la *Petite-Vigie* avec une vieille batterie.

Sur le territoire de la commune de l'Anse-Bertrand il y avait encore, il y a cinquante ans, quelques *Caraïbes*, qui formaient sept à huit familles. Ils s'étaient réfugiés sur les escarpements très pittoresques de l'extrémité nord de la commune, à la Falaise blanche et à la Grande-Vigie, aux anses de Portland et de Pistolet, où ils vivaient du produit de leur pêche, de manioc et de patates.

De la pointe de la *Grande-Vigie*, cap très accentué que la mer bat avec fureur, à la pointe des Châteaux, la côte forme une espèce de cuvette dont le fond est compris entre l'ancien bourg Sainte-Marguerite et la ville du Moule. Sa physionomie est la suivante: de la pointe de la Grande-Vigie à l'anse Sainte-Marguerite, des falaises abruptes plongent verticalement dans la mer ; de Sainte-Marguerite au Moule, le littoral formé de sable et couvert de roches s'abaisse, et parallèlement à lui s'étendent les coraux ; du Moule à la pointe Malherbe, le terrain se relève, et, après la côte du Moule, s'accentue en falaises très à pic d'une hauteur moyenne de 50 mètres, donnant ainsi à la côte du Vent son relief

(1) Il mouille au Port-Louis plus de dix bâtiments par an.

3

maximum, ce qui lui a valu le nom de *Côte du Rempart;* à partir de la pointe Malherbe, les pentes du rivage s'adoucissent de nouveau, puis se relèvent à la hauteur de 44 mètres, à la pointe des Châteaux.

Les anses et les caps les plus remarquables de toute cette partie sont : l'*anse à Pistolet,* l'ancien Pré-aux-Clercs de la Grande-Terre et la pointe des *Gros Caps,* entre lesquels nous mentionnerons les *rochers du Piton,* de la *Porte d'Enfer* (1), et du *Souffleur,* dont les grottes vomissent à près de dix mètres la houle qui s'y engouffre; l'*anse à la Barque;* la *pointe et l'anse des Corps;* l'*anse Sainte-Marguerite;* le *Moule,* le seul véritable port de la côte *du Vent;* le rocher très caractérisé de la *Couronne;* de nouvelles Portes d'Enfer, un second Souffleur ; la *pointe Malherbe;* l'*anse à l'Eau;* la *baie Sainte-Marie;* l'*îlet à Gourde* (10 m.); enfin, les roches magnétiques de la *pointe des Châteaux,* semblables à de vieilles fortifications, cap oriental de la Grande-Terre.

Le bourg du Moule (10.798 h.) a tout à fait l'aspect d'une petite ville : on y compte cinq usines centrales. Son port peut recevoir des navires de 300 tonneaux, mais il est d'un accès difficile. La barre, dont a diminué l'épaisseur en 1858, ne présente plus que 5 mètres, 6 d'eau dans les grandes marées. Au commencement de 1878, un navire fut coulé dans la passe, et l'on fut obligé d'employer la mine pour le dégager. De plus, les dimensions du port

---

(1) Cette porte formant voûte a été atteinte par le tremblement de terre de 1843. La voûte s'est effondrée, il ne reste plus que les deux rochers qui la soutenaient.

sont insuffisantes, les navires y sont très mal, et les crues de la rivière du Moule peuvent encore compromettre leur sécurité. Aussi, à plusieurs reprises, a-t-il été question de créer une ligne ferrée reliant le Moule à la Pointe-à-Pitre et passant par le Morne-à-l'eau (31 kilomètres); ce projet, plusieurs fois abandonné, nous paraît d'une utilité incontestable et propre à augmenter la prospérité de ce quartier, l'un des plus riches de l'île. Au m( ) de février 1879, le conseil général, réuni en session extraordinaire à la Pointe-à-Pitre à l'effet d'étudier de nouveau la question, a ajourné pour le moment, par suite de considérations dans lesquelles nous ne pouvons entrer ici, la solution à donner au projet qu'on lui présentait, tout en reconnaissant l'utilité publique de la création d'une voie ferrée de la Pointe au Moule (1).

§ IV. **Hydrographie.** — La Grande-Terre et les dépendances de l'île n'ont que des ruisseaux généralement desséchés, et l'on est obligé d'y recueillir l'eau de pluie. Quoique ces ruisseaux soient d'un débit minime, d'une pente très faible et qu'ils n'acquièrent d'importance qu'à l'époque des pluies, ils n'en servent pas moins, à leur embouchure, à entraver le développement des coraux de la côte qui ne vivent, on le sait, que dans l'eau de mer et à faciliter ainsi la circulation des passes dans les baies qu'ils forment, comme on peut l'observer aux mouillages

---

(1) La création du chemin de fer a été ajournée, encore une fois, en 1881, par suite de considérations budgétaires correspondant à des idées d'un autre ordre qui nécessitaient de grandes dépenses.

de Sainte-Anne et de Saint-François. Il résulte de ce fait que ce sont ces petits ruisseaux de la Grande-Terre qui ont formé ses principaux ports.

Les canaux de la Grande-Terre méritent aussi une mention. Le canal *des Rotours* n'est autre chose que la rivière qui passe à Grippon et se jette dans la mer au nord des îlets de la Voûte. Ce canal est approprié à la navigation des canots sur une longueur d'environ 4,500 mètres, et l'on peut y circuler jusqu'auprès du Grippon.

Le canal *Faujas* ou Grand Canal, moins important que le précédent, manquant comme lui d'eau, à son entrée, arrose le petit canal et le port Louis, et débouche dans une anse formée par la côte et la pointe du Fer-à-Cheval.

La Guadeloupe proprement dite possède soixante-dix rivières ou ruisseaux. Ses cours d'eau prennent leur source à une grande hauteur et ont par suite une pente considérable; leurs lits sont encaissés et forment une succession de cascades d'un effet très pittoresque; source de fertilité pour le sol qu'elles arrosent, elles deviennent souvent, à l'époque des pluies, des torrents désastreux. A cette époque, les roches qui forment le fond des rivières, entraînées par l'impétuosité des eaux, roulent avec fracas les unes sur les autres, et le torrent se précipite avec violence vers la mer. On dit dans le pays : « *La rivière descend.* » Celui que surprend la rivière est un homme perdu, et chaque année on a à enregistrer quelques accidents de cette nature.

A l'exception de la Rivière-Salée, de la Goyave et de la Lézarde, aucune de ces rivières n'est navigable; on les utilise cependant; ce sont elles qui mettent en mouvement les moulins des habitations.

A la Grande-Terre, où ce moteur fait défaut, on était obligé, avant la création des usines centrales, d'employer les moulins à vent.

Les plus considérables de ces rivières sont très poissonneuses.

Nous allons énumérer les principales, en partant de l'extrémité de la Rivière-Salée et en faisant le tour de la partie occidentale de l'île. Nous trouvons d'abord la rivière du *Coin*, dont les 2 embouchures sont bordées de raisiniers et de bambous, la *Lézarde*, qui reçoit les eaux de la Trinité, de la Thorette et de nombreux petits ruisseaux. La Lézarde prend sa source dans le versant est des montagnes de l'île et est navigable pour les chaloupes à quelque distance de son embouchure, qui a 150 mètres de largeur et dont les abords sont couverts de palétuviers; ses fré- quents débordements rendent quelquefois imprati- cable la route du Petit-Bourg à la Pointe-à-Pitre.

Les rivières à *Moustiques* et de la *Rose*, qui sui- vent, ne sont remarquables que par les attéris- sements considérables de leurs embouchures.

Une série de rivières s'échappent ensuite des flancs du Sans-Toucher. Ce sont : la petite rivière à *Goyave*, alimentée par des sources nombreuses, la rivière *Sainte-Marie*, la rivière de la *Capesterre*, formée des ravines Troubalaou, Mouri-Faim, Mon- déclair.

La rivière du *Carbet*, que nous signalerons main- tenant, prend sa source dans les flancs de là Sou- frière et est resserrée entre deux contreforts orientaux de la Soufrière, la montagne Saint-Martin à gauche et la montagne du Carbet à droite. Cette rivière, à sa sortie de la Soufrière, fait un saut de près de 600 mètres et forme une cascade qu'on aperçoit à trois lieues; son volume varie avec les pluies.

Entre cette rivière et la *rivière du Bananier*, qui sépare le quartier de la Capesterre de celui des Trois-Rivières, on remarque, à 394 mètres au-dessus du niveau de la mer, le *Grand-Étang*, qui a près d'une lieue de circonférence. Le site formé en cet endroit par les grands arbres qui entourent le lac a un caractère plein d'une sombre majesté. Cet étang est visité de temps à autre par des chasseurs qui le parcourent sur un radeau et par quelques naturalistes qui vont chercher sur ses rives une flore qu'on ne trouve que là.

Notons pour mémoire : la *rivière du Trou-au-Chien*, dont le cours est très rapide; la *rivière du Petit-Carbet* qui prend sa source au pied de la Soufrière, et la *rivière de la Grande-Anse*.

Citons, au pied du fort Richepance, la *rivière des Galions*, ainsi nommée parce que les galions d'Espagne y faisaient autrefois de l'eau. Cette rivière descend de la Soufrière; on remarque près de son embouchure un pont très hardi, construit, en 1778, d'une seule arche, sur lequel passe la route de la Basse-Terre à la Pointe-à-Pitre.

Après avoir dépassé la Basse-Terre, que traverse un ruisseau nommé la *rivière aux Herbes*, nous arrivons à la *rivière des Pères*. Cette rivière, sujette à de fréquents débordements, porte le nom de rivière *Saint-Louis* pendant une partie de son cours. Elle reçoit à gauche la rivière Noire et la rivière Rouge. Ce dernier cours d'eau arrose le Matouba (1), le quartier le plus frais de l'île, et est remarquable par la limpidité et la fraîcheur de ses eaux. La rivière Noire descend de la Soufrière et forme à un quart de lieue du Camp-Jacob une cascade très pittoresque, la cascade *Vauchelet*. A la jonction de ces deux rivières, on remarque une chute d'environ 80 mètres de hauteur, le saut du *Constantin*, digne de l'attention des touristes. Sur les bords de la rivière des Pères se trouvait autrefois, ainsi que nous l'avons déjà fait remarquer, un bourg assez considérable, qui, emporté plusieurs fois par les eaux, fut reculé successivement et est devenu la Basse-Terre.

Indiquons, à cause de l'excellence de ses eaux, la rivière *Duplessis*, et arrêtons-nous devant la rivière des Habitants. Cette rivière prend sa source au Sans-Toucher; ses bords sont couverts de mangles et de palétuviers, et son embouchure constitue une sorte d'étang marécageux; elle est très poissonneuse. La coulée profonde dans laquelle elle serpente forme un des plus beaux sites de l'île.

Les rivières qui suivent descendent des mornes qui surplombent la côte occidentale : elles n'ont qu'un faible parcours et méritent seulement d'être énumérées. Ce sont : la rivière *Baugendre*, la rivière de *Bouillante*, les rivières à *Bourseau*, à l'*Osteau*, la

---

(1) Il y avait, au commencement du Premier Empire, un petit bourg au Matouba; aujourd'hui, il y a seulement quelques maisons de plaisance, où l'on vient changer d'air.

rivière à *Colas*, la rivière de la *Grande-Plaine*, la rivière de la *Petite-Plaine* qui forme une sorte d'étang près de son embouchure, la rivière *Caillou*, la rivière *Ferry*, la rivière *Deshayes*; puis, après la Petite-Anse, une série de petites rivières jusqu'à la Grande-Rivière à Goyave.

La *Grande-Rivière* prend sa source au Sans-Toucher et court, dans la plus grande partie de son parcours du Sud au Nord, formant la seule vallée longitudinale de l'île. Elle reçoit sur sa gauche plusieurs bras, dont les plus importants sont : le bras David, le bras Saint-Jean, séparé de la Grande-Rivière par la montagne Saint-Jean, le bras de Sable, la Petite-Rivière. A 4 ou 5 kilomètres de son embouchure, la Grande-Rivière tourne à angle droit vers l'Est et serpente au milieu des palétuviers. Ce cours d'eau, dont le bassin embrasse plus d'un quart de la superficie de la Guadeloupe proprement dite, forme un véritable *delta* et a trois embouchures ; celles de l'Ouest et de l'Est-Nord-Est sont comblées, la première par une vase brune molle et collante sur laquelle il faut prendre garde de s'échouer, la seconde par un banc de sable et de gravier ; la troisième, celle du Sud-Sud-Est, a été draguée : on trouve 2 à 4 mètres d'eau sur une largeur restreinte, et les bâtiments qui l'ont franchie peuvent remonter jusqu'à 9 kilomètres dans l'intérieur. A partir de là, le lit de la Rivière n'est plus formé que de roches ; 2 kilomètres plus loin, on traverse le gué de la *Boucan*, sur lequel passe la route de Lamentin à Sainte-Rose. Les crues de la Grande-Rivière arrivent après les pluies et sont très redoutables. — Chaque année, la Rivière gagne sur la mer, par ses attérissements, de 10 à 15 *mètres*.

Signalons encore la *rivière du Lamentin*, débouchant dans la baie de ce nom, et deux ruisseaux venant se perdre, au milieu des mangles et des palétuviers, dans la baie Cercelle et dans la baie Mahault, le dernier formant une espèce d'étang près de son embouchure, enfin, pour l'excellence de ses eaux dont s'approvisionnent les bâtiments, la *rivière de Bon-Goût*, qui prend sa source près de la baie Mahault et vient déboucher dans la Rivière-Salée.

§ V. **Climat.** — SAISONS. — On distingue à la Guadeloupe deux saisons : la saison chaude, ou hivernage, et la saison fraîche. La saison chaude dure depuis la mi-juillet jusqu'à la mi-octobre. Au mois de novembre, on a ce qu'on appelle le petit été de la Saint-Martin. Les mois de *décembre*, de *janvier* et de *février* sont les plus frais, ils sont comme *un petit hiver*. Les *Européens doivent choisir de préférence ce moment pour arriver dans la colonie et s'y acclimater*. La saison fraîche s'étend de décembre à juin : le mois de décembre est appelé *renouveau*. Les jours sont à peu près égaux aux nuits : les plus courts sont de *onze heures quatorze minutes*, les plus longs de *douze heures cinquante-six minutes*.

BAROMÈTRE. — Le baromètre varie avec une grande régularité : il monte jusqu'à neuf heures et demie du matin, descend jusqu'à quatre heures et demie du soir, remonte jusqu'à dix heures, et redescend ensuite jusqu'à quatre heures et demie du matin, avec des oscillations comprises entre 0ᵐ761.8 et 0ᵐ768.7. La pression barométrique atteint son maximum en avril et son minimum en octobre. Les variations les plus brusques surviennent pendant l'hivernage et annoncent tantôt un ras de marée, tantôt un ouragan, quelquefois des désastres dans les autres Antilles. C'est ainsi qu'en 1876, pendant l'hivernage, un ouragan dévasta Saint-Martin, sans se faire ressentir à la Guadeloupe.

Les signes précurseurs de l'*ouragan* sont l'obscurité qui enveloppe l'horizon, la pesanteur de l'air, l'amoncellement des nuages, l'inquiétude des animaux, etc. Les *ras de marée*, longue houle peu accentuée au large, mais produisant à la côte et sur les hauts-fonds une mer furieuse, sont occasionnés par les vents de l'Ouest et du Sud et ont généralement lieu à la Basse-Terre pendant l'*hivernage,* au Moule pendant les *noëls ;* l'état de l'atmotsphère est à peu près le même que celui du ciel, lors de l'ouragan.

Il ne se passe point d'année où il n'y ait des tremblements de terre, mais ils sont loin d'être aussi désastreux qu'ils l'étaient autrefois. On se rappellera toujours à la Guadeloupe la violence de celui du 8 février 1843, qui détruisit en soixante-dix secondes la Pointe-à-Pitre (dix heures trente-cinq minutes du matin). Les secousses sont plus fréquentes à la Grande-Terre qu'à la Guadeloupe, où la Soufrière sert naturellement de soupape. Pendant un séjour de quatre ans à la Guadeloupe, nous avons ressenti trois secousses à l'époque de l'hivernage. Une légère oscillation de deux ou trois secondes, à peine appréciable en dehors des habitations, communiquait aux meubles des appartements un mouvement très-accentué de va-et-vient.

TEMPÉRATURE. — La température moyenne est de 26° (1) ; les variations sont très régulières. A huit heures, pendant la saison sèche, le thermomètre marque 21 ou 22° ; pendant l'hivernage, à la même heure, on a 25 ou 26°. Vers midi, une heure, on a 28 et 29° dans la saison sèche ; le thermomètre s'élève à 31° pendant l'hivernage et atteint quelquefois 35° à la Basse-Terre, 36 et 37° à la Pointe-à-Pitre. Au Camp-Jacob, il y a une différence moyenne de 5° en moins avec la Basse-Terre.

Le plus grand écart, du moment le plus chaud au moment le plus frais de la journée, est de 5 à 7°. La brise de nuit et la brise de jour modèrent régulièrement la chaleur (2).

HUMIDITÉ. — L'humidité est considérable en tout temps à la Guadeloupe. L'hygromètre n'accuse jamais moins de 61° et atteint 97°. L'humidité de la Guadeloupe est à celle de la France dans le rapport de 8 à 3 ; elle est plus forte d'un septième à la

(1) La moyenne est plus forte d'un demi-degré à la Basse-Terre.

(2) Les années les plus chaudes ont été 1845 (28°,6), 1848, 1849, 1850 (28°,5).

Basse-Terre qu'à la Pointe et augmente encore au Camp-Jacob.

PLUIES. — Pendant l'hivernage, les pluies sont diluviennes : elles tombent surtout à la Guadeloupe proprement dite, et quelquefois une sécheresse désespérante pour les récoltes afflige la Grande-Terre, à cette époque. « *Plus on va au vent, moins il pleut.* » En mars et avril tombent des *grains*, pluie d'orage de peu de durée, à la suite desquels survient toujours une forte élévation de température. A la fin de l'année, on a les *noëls*, grains de peu de durée, mais très rafraîchissants, On a calculé qu'à la Pointe, il tombe deux fois plus d'eau qu'à Paris, à la Basse-Terre trois fois plus, au Camp-Jacob et dans les hauteurs qui dépassent 500 mètres cinq fois plus. C'est en janvier et en février qu'il tombe le plus d'eau. Cette quantité de pluie et la pente des rivières, dont le parcours dépasse rarement 12 kilomètres, produisent ces crues subites dont nous avons signalé les dangers.

VENTS. — Les vents dominants à la Guadeloupe et à la Grande-Terre sont les vents de l'Est, ou vents *alizés* : les vents viennent du Nord-Est de janvier à mai ; de mai à octobre, on a les vents du Sud, qui varient de l'Est à l'Ouest. On se sert aux Antilles des expressions *au vent* et *sous le vent* pour désigner l'orient et l'occident; *terre de haut* (1), *terre*

_____

(1) Le vent du nord qui souffle surtout en janvier est très re-

de bas pour désigner une terre à l'*Est* en haut du vent, à l'*Ouest* en bas de vent.

MARÉES. — Les marées sont très faibles.

MALADIES. — En parlant de climat, nous croyons intéressant de dire quelques mots des maladies endémiques à la Guadeloupe ou de celles qui, sous l'influence tropicale, s'y développent avec plus d'intensité que dans nos climats européens. Parmi les maladies endémiques, citons la fièvre paludéenne, la dyssenterie, l'hépatite et quelquefois la fièvre jaune.

La *fièvre paludéenne* sévit en tout temps dans certains foyers, mais elle devient plus grave pendant l'hivernage ; elle a sa plus grande intensité à la Pointe et à la Grande-Terre, en général. A 3 ou 400 mètres d'altitude, elle y exerce peu son influence morbifique.

La *dyssenterie* règne surtout à la Basse-Terre, où elle a quelquefois causé autant de ravages que la fièvre jaune. Prise à temps, cette maladie n'a rien d'extrêmement grave, et ne saurait se comparer avec la dyssenterie de Cochinchine, par exemple. Cette maladie est endémique dans les terrains accidentés, en général, par suite de la mauvaise qualité des eaux à la suite des pluies et de l'humidité constante qui y règne. — Européens et créoles y sont également sujets.

douté des créoles, de là le proverbe : « *Vent du nord, vent de mort.* »

L'*hépatite* offre plus de gravité que ces deux maladies, mais elle est beaucoup plus rare.

Nous pourrions citer encore, à cause de son caractère endémique, la *colique sèche*, très rare et sans grande gravité.

La *fièvre jaune*, désignée par le P. du Tertre sous le nom de *coup de barre*, puis nommée *mal de Siam*, apparaît généralement pendant l'hivernage et est due à l'action prolongée des vents de l'Ouest et du Sud; elle est aussi souvent importée des îles voisines. On reste pendant six, huit, dix ans sans en entendre parler. Quand elle se déclare, elle frappe surtout la population européenne, à l'inverse du *choléra*, qui sévit principalement sur les noirs (1). Il meurt, en temps d'épidémie de fièvre jaune, un peu plus de la moitié des sujets atteints. L'émigration sur les hauteurs est le meilleur préservatif (2).

Parmi les maladies non endémiques, nous citerons celles qui se développent le plus facilement à la Guadeloupe : les *fièvres éruptives*, la *folie*, presque toujours une cachexie alcoolique chez les indigènes, la *fièvre typhoïde* chez les Européens (surtout chez nos soldats), enfin la *phtisie*, qui s'y aggrave très rapidement. La proportion de la mortalité de 1845 à 1875 a été de 88 pour 1000; en France, elle est de 23 à 24 pour 1000. Le docteur Rey, médecin principal de la marine, dans son

---

(1) Dans de choléra de 1865, le quart de la population de la Basse-Terre succomba.

(2) Les épidémies de 1869 et celle de 1880, qui dure encore, en ont donné la preuve éclatante.

étude sur la Guadeloupe, estime que les conditions de la vie des Européens et de classe aisée
sont en général satisfaisantes, mais que les noirs,
s'ils ne sont dans une localité salubre, sont très
sujets, par défaut de précautions, aux maladies
épidémiques.

DÉPENDANCES

La Guadeloupe compte cinq dépendances. Nous allons les parcourir, non dans l'ordre de leur importance, mais dans celui où elles se présentent quand, partant de l'Est, on va de l'une à l'autre, en rayonnant autour de la Guadeloupe. Nous ferons, à cette place, une petite monographie de chacune d'elles, de façon à ne pas avoir à y revenir par la suite.

I. — Désirade.

La *Désirade* (Deseada ou Désirée), située à 11 kilomètres Nord-Est de la pointe des Châteaux, par 15° 57' et 16° 31' latitude Nord, 68° 32' et 64° 9' longitude Ouest, fut la première terre que Christophe Colomb découvrit à son second voyage (3 novembre 1498), et dut son nom à cette circonstance. Cette dépendance a constamment suivi la fortune de la Guadeloupe. C'est une île longue et étroite assez semblable à un rocher : elle a environ 22 kilomètres de tour; sa longueur est de 10 kilomètres, sa largeur de 3 kilomètres, sa superficie de 2.720 hectares.

L'île, d'origine volcanique, est surmontée d'un plateau boisé de 280 mètres de hauteur; ce plateau est légèrement incliné de l'Ouest à l'Est et partage

l'île en deux parties dans le sens de la longueur;
au Sud, ses flancs sont taillés à pic; au Nord, ils
s'infléchissent graduellement vers la mer; sur les
deux versants, les pentes sont dénudées.

La Désirade, jadis couverte de *gaiac* qu'on a eu la
malencontreuse idée de brûler pour faire de la chaux,
n'a plus que quelques fromagers et manceniliers.

La côte Sud est semée de coraux qui s'étendent
de la pointe à Colibri, Sud-Ouest de l'île, à la pointe
du Nord, Nord-Est de l'île. Quand on fait le tour de
l'île en partant de la pointe du Nord, on remarque
l'embouchure de la *Rivière*, ruisseau torrentueux, le
mouillage du Galet, rade foraine, très médiocre, la
seule de l'île, le petit port et le bourg de la *Grande-
Anse*, le point le plus occupé de l'île, et la *baie
Mahault*, où se jette un petit ruisseau. C'est près de
là, sur un petit plateau, que se trouve la léproserie.

Cette léproserie, établie en 1728, a été plusieurs
fois détruite. Aujourd'hui, elle comprend deux sé-
ries de cases parallèles et une chapelle. Elle reçoit
environ 100 malades des deux sexes. Un médecin
de la marine dirige le service, fait par des sœurs
de Saint-Paul de Chartres. Cet établissement ne
reçoit que les malheureux.

La Désirade a 1.315 habitants, qui se livrent à la
pêche, élèvent des moutons et cultivent le coton,
qui y vient très bien (1).

Le canal compris entre la Désirade et la pointe
des Châteaux est très fréquenté.

(1) La Désirade est l'endroit où il pleut le moins de toute la
colonie, ce qui est très favorable à la culture du coton.

II. — Saint-Barthélemy.

L'île de *Saint-Barthélemy* est située à 175 kilomètres au Nord-Nord-Ouest de la Guadeloupe, sur 65° 10' 30" de longitude Ouest et 17° 55' 35" de latitude Nord, entre les îles Saint-Eustache, Saint-Christophe, la Barbade et notre possession de Saint-Martin. Elle s'étend de l'Est à l'Ouest sur une longueur de 9 kilomètres; elle a 25 kilomètres de tour; sa superficie est d'environ 2.114 hectares.

En 1648, *Lonvilliers de Poincy,* commandeur de Malte et capitaine général des îles pour le roi et la première compagnie à Saint-Christophe, envoya un sieur *Gentès,* avec 58 Français, coloniser Saint-Barthélemy. En 1651, l'ordre de Malte acheta Saint-Barthélemy en même temps que Saint-Martin; mais les incursions des Caraïbes firent échouer ces projets de colonisation. Poincy renouvela, en 1659, un essai qui réussit à moitié. En 1674, après avoir appartenu dix ans à la seconde Compagnie française, créée par Colbert, l'île fut réunie à la Guadeloupe. Cent ans après, en 1775, sa population comptait 427 blancs et 845 esclaves. En 1784, la France, pour obtenir un droit d'entrepôt à *Gothembourg,* céda Saint-Barthélemy à la Suède.

L'île de Saint-Barthélemy a été rétrocédée à la France par le traité du 10 août 1877; M. Couturier, gouverneur de la Guadeloupe, à cette époque, en prit solennellement possession le 16 mars 1878.

L'île, de formation calcaire, est irrégulière et très échancrée dans ses contours. Elle est entourée d'une série d'îlots qui en rendent l'accès difficile; les principaux sont : la *Fourche*, la *Frégate*, le *Boulanger*, le *Toc-Vert* et l'île *Goat*.

A l'intérieur de l'île, pas de grands mouvements de terrain, mais des mornes reliés entre eux irrégulièrement et ne dépassant pas 300 mètres ; leurs contours dessinent une série d'anses et de nombreuses vallées où l'on trouve des salines.

Il n'y a dans l'île que deux centres de population, *Gustavia* et *Lorient*. Le port de *Gustavia*, à l'Est de l'île, a la forme d'un fer à cheval ; à l'extrémité Sud-Ouest du fer à cheval, le fort Oscar, élevé de 41 mètres au-dessus du niveau de la mer, et à l'extrémité Nord-Est le fort Gustave, élevé à 78 mètres, tous les deux sans aucune importance militaire, commandent l'entrée du port . Le P . Dutertre donnait ainsi la description de Gustavia : « C'est un hâvre qui pénètre de plus d'un quart de lieue dans la terre par une entrée large de cinquante pas ; il en a plus de 300 de longueur en quelques endroits, et aux plus étroits 200 ; il est accessible en toute saison, même pour les plus grands navires. » Il convient d'ajouter que les îlots qui entourent l'île nécessitent les plus grandes précautions de la part des navigateurs. La ville de Gustavia, déclarée port libre par la Suède en 1785, avait acquis par son commerce avec les îles voisines une certaine importance qu'elle a perdue depuis et qu'est venu encore amoindrir un incendie récent ; sa population est d'environ un millier d'âmes.

La ville de *Lorient*, située au vent de l'île, sur le bord de la mer, est abritée par un bois de cocotiers au milieu duquel s'éparpillent des maisons de bois

entourées de murs en pierres sèches. Ses habitants,
qui descendent des anciens Normands et qui n'ont
conservé de leurs ancêtres que le goût des travaux
agricoles et quelques vieux mots usités au xvii° siècle,
parlent tous le français, à l'encontre des habitants
de Gustavia, qui parlent généralement l'anglais ;
ils sont au nombre de quatre ou cinq cents. On
trouve encore au Nord la vaste baie de *Saint-
Jean.*

La population totale de l'île est de 2.800 habitants,
parmi lesquels 350 protestants.

Les habitants sont dégrevés d'impôts et relèvent,
au point de vue politique, administratif et judiciaire,
de la Guadeloupe. Il y a à Saint-Barthélemy un
tribunal de première instance, composé d'un juge et
d'un commissaire du gouvernement.

La principale industrie de Saint-Barthélemy est
l'*élève du bétail* ; l'île produit aussi du *coton,* des
légumes et des *fruits* (ananas). Les principaux objets
d'exportation sont : la *casse,* le *tamarin* et le bois
de *sassafras.*

Le climat est très sain, et il pleut rarement ; aussi
achète-t-on de l'eau (1).

(1) L'île coûtait annuellement 68.000 francs à sa métropole.
Le gouvernement français devait verser 80.000 francs à la Suède
pour prix des édifices publics et de leur mobilier, et 320,000 francs
pour indemniser les fonctionnaires de l'île de la perte de leurs
fonctions. Le gouvernement suédois a dégrevé la France de la
première somme, à charge par elle de fonder à Gustavia un hospice. Le dernier gouverneur, M. Bror-Ulrich, ancien capitaine
de vaisseau de la marine suédoise, a touché une indemnité de
117,000 francs, son secrétaire 60,000 francs. Le gouvernement
français a fait distribuer un secours de 4,000 francs, le jour de
la prise de possession.

III. — Saint-Martin.

L'île de *Saint-Martin* est située à 238 kilomètres Nord-Nord-Ouest de la Guadeloupe, par 18° 3' latitude Nord et 65° 34' longitude Ouest, entre l'île Saint-Barthélemy, notre nouvelle possession, et l'Anguille, qui fait partie des Antilles anglaises. La partie qui appartient à la France a environ 39 kilomètres de tour; sa superficie est de 5.177 hectares, non compris l'îlot de *Tintamarre,* sur la côte Nord-Est de l'île, îlot désert également à la France. Saint-Martin et l'îlot de Tintamarre sont de formation calcaire.

De Poincy, gouverneur général des établissements français à Saint-Christophe, fit prendre possession de l'île en 1739, mais aucun établissement n'y fut créé. Les Hollandais vinrent ensuite s'y établir; la construction d'un petit fort marqua leur premier établissement. Chassés par les Espagnols, qui abandonnèrent bientôt l'île, les Hollandais vinrent de nouveau de Saint-Eustache pour coloniser Saint-Martin. Leur exemple fut suivi par 300 Français que de Poincy envoya de Saint-Christophe, sous les ordres de son neveu.

Les Hollandais et les Français se partagèrent l'île le 23 mars 1648 et se jurèrent une foi réciproque, qui n'a jamais été violée (1).

Saint-Martin passa à l'ordre de Malte en 1651, fut acheté par la deuxième Compagnie et réuni au domaine de la couronne en 1674. Cette île, depuis, a

---

(1) A chaque passage du gouverneur de la Guadeloupe à Saint-Martin, le gouverneur de la partie hollandaise envoie un délégué saluer le représentant de la France.

suivi la fortune de la Guadeloupe et tour à tour appartenu à la France et à l'Angleterre. Dans l'attaque de 1808, quarante-cinq soldats français repoussèrent deux cents Anglais qui tentaient de s'en emparer.

L'île a la forme générale d'un triangle équilatéral; ses contours sont très échancrés; ses anses offrent de bons mouillages. La partie Nord-Ouest appartient à la France, qui a environ les deux tiers de l'île.

Une chaîne de montagnes dont le sommet le plus élevé, le pic du *Paradis*, atteint 415 mètres, traverse Saint-Martin dans son milieu, du Nord au Sud. On remarque aussi, dans l'Ouest (partie hollandaise), la *Selle* ou *mont Rouge* (Osten Berg : 129 mètres), et, sur la côte Est du lac Simpson (partie française), le morne de la *Fortune* (89 mètres). Le sol de l'île est léger et sablonneux.

Les côtes présentent une série de baies dont les principales, en partant de la pointe nord, sont : la baie *Orientale* et la *Grande-Baie*, pour la partie hollandaise; la baie *Simpson*, la baie du *Marigot* et la baie de la *Grande-Case*, pour la partie française.

Au fond de la Grande-Baie, sur une étroite dune de sable, est situé *Philippsbourg*, chef-lieu de la partie hollandaise, naguère protégé par les forts Amsterdam et Wilhem, aujourd'hui en ruines; en arrière de la ville, on remarque, à 1 mètre 85 au-dessous du niveau de la mer, le lac Salé, le plus important des deux parties.

Au fond de la baie du Marigot se trouve le bourg du *Marigot*, chef-lieu et mouillage de la partie française, dominé par une colline de 95 mètres, que couronne un fort en ruines. Près du Marigot est situé le lac *Simpson*, dont les eaux se frayent quelquefois un passage praticable pour les canots jusqu'à la baie du même nom.

Le climat de Saint-Martin est très sain; il pleut rarement, et l'on boit l'eau des citernes. La population de la partie française est de 3.468 habitants; celle de la partie hollandaise est d'environ 2.800. Dans les deux parties de l'île, on parle l'anglais.

La principale industrie de Saint-Martin est l'exploitation des *salines*, qui donnent annuellement 3.600.000 hectolitres de sel. On y récolte aussi des vivres et du coton. Bien éloignée est l'époque où Saint-Martin produisait du sucre et du rhum renommé! Saint-Martin ne paye pas d'impôts et jouit d'un régime de commerce particulier. Jusqu'à la prise de possession de Saint-Barthélemy, il y avait à Saint-Martin un juge de paix à compétence étendue. Depuis cette époque, il y a, comme dans l'île voisine, un tribunal composé d'un juge titulaire et d'un juge suppléant, un parquet comprenant un commissaire du gouvernement et un greffier.

Un bateau-poste fait communiquer deux fois par mois la Basse-Terre avec Saint-Martin et Saint-Barthélemy.

IV. — Les Saintes.

Les Saintes, composées de cinq îlots principaux *Terre de Haut*, *Terre de Bas*, *Grand-Îlet*, la *Coche* et îlet à *Cabrits*, dont trois seulement sont occupés (Terre de Haut, Terre de Bas et îlet à Cabrits), sont situées à 19 kilomètres Sud-Est de la Guadeloupe, entre la Guadeloupe et la Dominique, par

15° 54' latitude Nord et 64° 1' longitude Ouest. Leur superficie est de 1422 hectares.

Les Saintes furent découvertes par Christophe Colomb le 4 novembre 1493 et tirèrent leur nom de la fête de la Toussaint, célébrée quatre jours auparavant. Elles furent occupées pour la première fois par les Français, le 18 octobre 1618, sous le gouvernement de Houel, abandonnées à cause de leur manque d'eau et occupées de nouveau en 1652, sous le même gouvernement. Depuis lors, les Saintes ont subi toutes les vicissitudes de la Guadeloupe. C'est dans leurs eaux que le comte de Grasse fut battu par Rodney en 1782.

Le sol des Saintes, formé de rochers, est aride et présente une succession de mornes, dont le plus élevé (Terre de Haut) ne dépasse pas 316 mètres.

La Terre de Haut, la plus à l'Est, est de forme irrégulière et très découpée; un canal navigable pour les plus grands vaisseaux la sépare de la Terre de Bas, de forme carrée. Entre la Terre de Haut et l'îlet à Cabrits, sur lequel se trouvent un pénitencier et un lazaret pour les quarantaines, est une baie profonde, où depuis 1775, à la suite d'un ras de marée survenu à la Basse-Terre, les bâtiments de guerre en station à la Guadeloupe ont l'ordre de se réfugier, en cas de mauvais temps. La passe des Vaisseaux, venant du Nord, est marquée par un récif appelé la *Baleine*.

Le climat des Saintes est très salubre, et l'on y envoie en convalescence les dyssentériques.

La population totale des Saintes est de 1705 âmes, dont l'industrie principale est la *pêche*. On récolte aux Saintes (Terre de Bas) un café estimé et du coton. On y fait aussi des poteries, et on s'y livre à l'élève des volailles.

Les fortifications des Saintes ont valu à ce groupe d'ilots le titre de *Gibraltar des Antilles*. Ces fortifications se composent du fort *Napoléon*, qui domine la Terre de Haut (il est occupé par une compagnie de discipline de la marine) et de la batterie du *Morne-Rouge*, tous les deux de construction récente et en parfait état. Mentionnons pour mémoire, sur l'ilet à Cabrits, le fort *Joséphine*, converti en pénitencier pour les détenus qui subissent leur peine dans la colonie, et un blockhaus en pierre situé sur le *Chameau* (Terre de Haut), morne de forme arrondie, élevé de 316 mètres au-dessus du niveau de la mer.

Le bourg de Terre-d'en-Haut se trouve entre le fort Napoléon et le morne du Chameau. Un bateau-poste met deux fois par semaine la Basse-Terre et les Saintes en communication; il y a en outre de fréquentes relations entre la Terre de Haut et les Trois-Rivières. Les Saintois, intrépides et habiles marins, s'y rendent dans leurs canots gréés en côtres en une heure et demie pour y vendre le produit de leur pêche et y prendre des vivres.

V. — Marie-Galante.

Marie-Galande est située à 27 kilomètres Sud-Ouest de la Capesterre, à 48 kilomètres Sud de la Pointe-à-Pitre, par 16° latitude Nord et 63° 30' longitude ouest, entre la Guadeloupe et la Dominique, dont

elle est séparée par un canal de 33 kilomètres ; c'est
la plus grande des dépendances. De forme circu-
laire, elle a environ 82 kilomètres de tour, et sa superficie est de 14.927 hectares (1). Christophe Colomb
la découvrit le 3 novembre 1493 et lui donna le nom
du vaisseau qu'il montait. Cette île était peuplée
par les Caraïbes, quand les Français vinrent l'occuper en 1648. Les Caraïbes disparurent peu à peu
dans la guerre d'extermination qu'on leur fit. Marie-
Galante, tour à tour la propriété des Compagnies,
fut réunie au domaine royal en 1674 ; elle eut ses
gouverneurs particuliers de 1665 à 1763. Prise par
les Anglais en 1691 et abandonnée, elle retomba en
leur pouvoir en 1703 et passa au nôtre en 1706 ;
tombée de nouveau aux mains des Anglais, elle
nous fut rendue en 1763, en même temps que la
Guadeloupe. L'île, en 1775, possédait 12.000 noirs
et produisait 5.000.000 de livres de café, 2.000.000
de livres de sucre et 3 à 400.000 livres de coton.
L'année suivante (6 septembre 1776), elle fut complètement ruinée par un ouragan. Prise une autre
fois par les Anglais en 1794, elle leur fut enlevée
par Victor Hugues, au mois de novembre de la
même année. Les cultures, à partir de cette époque,
prirent un nouvel essor jusqu'en 1808, époque à laquelle l'île devint de nouveau anglaise. Sous ce
nouveau régime, après avoir été ruinée de fond en
comble par ses envahisseurs, elle devint indépendante jusqu'en 1810, date de sa réunion à la Guadeloupe par ses conquérants. Rendue à la France au

(1) A peu près la superficie de la forêt de Fontainebleau.

traité de Paris en 1814, elle fut une dernière fois anglaise en juillet 1815 et redevint définitivement française en 1816.

La culture de la canne à sucre s'est substituée à celle du café, qui était sa principale culture en 1789. Le sol de l'île est de même nature que celui de la Grande-Terre et appartient au même soulèvement. Les mornes ne dépassent pas 205 mètres et s'étagent du Nord au Sud, en formant deux plateaux : le premier, d'une altitude de 100 mètres, limité au Sud par la *rivière du Vieux-Port*; le second, compris entre cette rivière et la *rivière Saint-Louis,* qui le sépare du reste de l'île; ce dernier a reçu le nom de *Barre-de-l'Ile* ; il a 200 mètres d'altitude.

De la *pointe du Nord* à la *pointe du Gros-Cap,* au Sud-Est, la côte présente des falaises à pic jusqu'à la *pointe Saragot,* puis des plages de sable bordées de cayes.

Le bourg de la *Capesterre* (4.899 h.) est situé au centre d'une longue plage de sable, sur un sol calcaire et madréporique; il se compose d'une seule rue. C'est là que l'on charge les sucres de l'Est et du Nord de l'île ; cette partie de l'île, placée au vent, est assez salubre.

L'extrémité méridionale de l'île est marquée par la *pointe des Basses.* Entre cette pointe et le Grand-Bourg, la côte est bordée de cayes à fleur d'eau.

Le *Grand-Bourg* est le chef-lieu de l'île et le siège d'un tribunal de première instance rétabli dernièrement. Sa rade est entourée de rochers qui en rendent l'accès difficile. Ce quartier de l'île est couvert dans certaines parties de marécages et de palétuviers et est très malsain.

Nous trouvons ensuite sur la côte Ouest la baie de Saint-Louis, qui offre un bon mouillage aux navires de guerre, et le *bourg de Saint-Louis* (4.749 h.). Entre ce village et le Grand-Bourg s'étend une grande plaine couverte de raisiniers et de mancenilliers, véritable nid à fièvres.

Enfin, avant d'arriver à la *pointe du Nord*, nous remarquons le *bourg du Vieux-Fort*, en face duquel est l'îlot de ce nom. Le quartier du Vieux-Fort est sans aucune importance; situé sous le vent et couvert de palétuviers et de marais, il est extrêmement insalubre.

Le sol de Marie-Galante est très fertile: on y récolte du café, du sucre, du coton; on s'y livre aussi à l'élève du bétail et au commerce du bois de campêche. La population totale de l'île est de 16.274 habitants. Le climat n'est pas toujours très sain: les fièvres de mauvais caractère et les dyssenteries y sont fréquentes.

Signalons en dernier lieu la *Petite-Terre* située à 9 kilomètres environ dans le Sud-Est de la pointe des Châteaux. Cette terre, d'une contenance de 343 hectares, est formée de deux îles, *Terre de haut* et *Terre de Bas*, séparées par un canal d'une largeur minimum de 200 mètres, élevées à 12 mètres au-dessus du niveau de la mer. On y remarque un feu fixe, blanc, élevé de 36 mètres et ayant une portée de 15 milles. L'île, couverte d'arbres, très sèche, produit des cocos et quelques vivres; ses rares habitants y vivent de la pêche.

GÉOGRAPHIE POLITIQUE

§1. — **Organisation politique.** — Avant 1789, les colonies françaises, en général, étaient soumises, sous le rapport militaire, à des gouverneurs généraux ayant sous leurs ordres des gouverneurs particuliers ou des commandants ; sous le rapport administratif et financier, à des intendants ; sous celui de la police et de la justice, à des conseils souverains et à des sièges royaux ressortissant à ceux-ci (1).

Le *pacte colonial* dont nous exposerons l'économie dans notre troisième partie, les tenait, en outre, sous une dépendance étroite de la Métropole.

A partir de 1789, l'organisation politique de nos colonies fut souvent modifiée. — Nous allons indiquer, à grands traits, les changements les plus importants introduits dans leur constitution, nous référant principalement à ceux qui visent nos trois grandes colonies et nous réservant d'entrer dans le détail, dans l'ordre du développement de notre sujet.

Le décret du 8-10 mars 1790 donna le premier

(1) L. Guérin, *Histoire maritime de France*

4*

coup de pioche à l'édifice colonial. — Ce décret considérait les colonies françaises comme *une partie de l'empire français,. mais reconnaissait la nécessité pour elles d'une constitution et d'une législation particulières.*

Ce régime exceptionnel fut appliqué par l'Assemblée nationale (décret du 28 sept. 1791).

Les Colonies devinrent ensuite *parties intégrantes du territoire français et furent soumises à la même loi constitutionnelle que la Mère-Patrie par la Constitution de l'an III.*

Toutefois, ce principe *d'assimilation* vers lequel tendent encore les Colonies ne put prévaloir et les constitutions suivantes, celle, de l'an VIII et les Chartes de 1814 et de 1880, soumirent de nouveau les colonies à *des lois spéciales.*

Le régime établi sous la Restauration est *dit régime des ordonnances.* — L'ordonnance du 27 fév. 1827, concernant le gouvernement de la Guadeloupe et de la Martinique, est un véritable monument. Bien que modifiée à plusieurs reprises, elle règle encore sur bien des points l'organisation actuelle.

Le Gouvernement de Juillet modifia les ordonnances par la loi du 24 avril 1883 et dota les colonies d'une sorte de *Charte coloniale* inspirée par un esprit très libéral. — Cette loi classait, en même temps, pour la première fois, les colonies en colonies à législature et en colonies régies par de simples décrets, les premières comprenant la Guadeloupe, la Martinique et la Réunion régies par la loi, par des décrets rendus sous forme de règlements d'administration publique et par de simples décrets;

les secondes, c'est-à-dire toutes les autres, régies par des décrets du chef du pouvoir exécutif.

« Retenir dans *le domaine de la législation* le jugement des questions générales ou qui affectent d'une manière directe les intérêts moraux ou matériels *de l'Etat*; remettre à la décision *d'une législature locale* instituée à cet effet les matières qui se rattachent à l'intérêt particulier des colonies en général et de chaque colonie; enfin confier au *pouvoir exécutif*, pour un délai déterminé et sous l'obligation de consulter préalablement les colonies, le soin de statuer sur quelques matières n'étant pas, de leur nature, du ressort de la législation générale, et ne pouvant pas cependant être laissées à la législation locale, sans qu'on eût à redouter de sa part des erreurs résultant de l'inexpérience ou de quelques préjugés »; tel est, d'après les termes mêmes du rapporteur de la loi du 24 avril 1833, à la Chambre des Pairs, l'esprit de la Charte en question.

Deux décrets du 27 avril 1848 modifièrent l'état social de nos colonies et firent du suffrage universel la base de ses institutions. — Ces décrets créaient un régime transitoire qui devait durer « *jusqu'à ce que l'état législatif des colonies fût de nouveau déterminé.* » Ce provisoire dura jusqu'en 1854. Le 7 avril de cette année, un sénatus-consulte modifié par celui du 4 juillet 1866 et par des lois et décrets postérieurs, réglait l'organisation des colonies.

Entrons maintenant dans le détail. — Les colonies relèvent du ministère de la marine et des colonies. — Une direction dite « *direction des colonies* » est chargée au ministère, sous la responsabilité du ministre, de l'expédition des affaires les concernant.

Autorités coloniales. — A la tête de chaque colonie à législature est placé un gouverneur assisté d'un conseil privé consultatif, ayant sous ses ordres des chefs de service. — Nous allons énumérer leurs principales attributions et nous étudierons ensuite celles des conseils électifs qui jouent un rôle considérable dans l'organisation créée par les sénatus-consultes.

Le gouverneur représente le chef de l'État. Il assure l'exécution des lois et règle par des arrêtés les matières administratives. Depuis le décret du 29 août 1855, supprimant dans les colonies à législature l'emploi de commandant militaire, le gouverneur a sous ses ordres les troupes. Les attributions du chef de la colonie sont ordinaires ou extraordinaires. S'agit-il d'interdire l'entrée de la colonie à un individu dangereux, de l'exclure de l'île ou de le reléguer dans un canton, de renvoyer un fonctionnaire à la disposition du ministre, ses pouvoirs sont *extraordinaires;* le gouverneur doit alors prendre l'avis du conseil privé, mais peut passer outre. Dans tous les autres cas, ses pouvoirs *sont ordinaires.* Le gouverneur peut déclarer l'état de siège (1); la police judiciaire militaire est centralisée entre ses mains.

L'ordonnateur ou, à son défaut, le directeur de

(1) Bien loin est le temps où les gouverneurs des colonies pouvaient déclarer la guerre et conclure la paix.

l'intérieur remplace le gouverneur absent ou empêché.

Le gouverneur ne peut être poursuivi que pour trahison, concussion, abus d'autorité et seulement à la remise de ses fonctions.

Le gouverneur a sous ses ordres différents chefs de service dont nous allons résumer les attributions.

1° *L'ordonnateur* est un officier supérieur ou général du commissariat de la marine. — Représentant spécialement l'*intérêt métropolitain*, il est chargé, sous les ordres du gouverneur, de l'administration de la marine, de la guerre, du trésor, de la direction des travaux *payés sur le budget de l'État*, de l'ordonnancement des dépenses et de la comptabilité général pour tous les services. — La police de la navigation, de la pêche, du pilotage, la direction du service sanitaire lui appartiennent. — Il remplit en outre les fonctions de censeur près de la Banque.

L'ordonnateur a pour l'aider des bureaux dirigés par des officiers du commissariat. Ces bureaux comportent les subdivisions suivantes : secrétariat; revues ; armements et inscription maritime (1); travaux, approvisionnements, subsistances, magasin général ; hôpitaux ; fonds.

A la Pointe-à-Pitre, au Moule, à Marie-Galante et aux Saintes un officier du commissariat assure le service maritime.

2° Le *directeur de l'intérieur* n'a pas d'origine déter-

(1) Cette institution fonctionne aux Antilles exactement comme en France.

minée. Il est chargé, sous les ordres du gouverneur, de l'ADMINISTRATION INTÉRIEURE de la colonie et de la direction de tous les services qui s'y rattachent.

Il prépare le *budget local* et le présente au conseil privé et au conseil général ; il, ordonnance les dépenses du service local et dirige la comptabilité des recettes et dépenses de ce service. La police générale rentre dans les attributions du directeur de l'intérieur. L'administration des domaines et celle des contributions indirectes sont sous ses ordres ; ses bureaux comportent les subdivisions suivantes : secrétariat général ; administration et contentieux ; agriculture et commerce ; cultes, instruction publique, police et prisons ; finances, travaux et approvisionnements. Tous les agents de service intérieur dans la colonie sont sous les ordres du directeur de l'intérieur.

Le secrétaire général remplace, en cas d'absence ou d'empêchement, le directeur de l'intérieur.

8° Le *procureur général,* en sa qualité de chef d'administration, est chargé de l'*administration judiciaire*. Il prépare et soumet au gouverneur les projets d'arrêtés de règlements et d'instruction sur les matières judiciaires, suit les affaires de recours en grâce, surveille les curatelles et exerce directement la discipline sur les notaires, avoués et autres officiers ministériels.

Comme *magistrat,* le procureur général est, dans la colonie, le premier organe du ministère public.

Un magistrat, au choix du gouverneur, remplace le procureur général absent ou empêché.

Ces trois chefs correspondent avec la direction

des colonies, et, sauf le cas d'ordres formels du gouverneur, sont personnellement responsables de leurs actes d'administration.

Leurs attributions, ainsi que celles du conseil privé, sont énumérées en détail par l'ordonnance de 27 février 1827 et par les actes organiques et décrets postérieurs.

Enfin, une *inspection des services administratifs et financiers*, remplaçant l'ancien contrôle permanent organisé par l'ordonnance de 1827 et l'inspection mobile, veille à la régularité du service administratif et requiert à cet effet l'exécution des lois, ordonnances, décrets coloniaux et règlements. (Décret du 28 juillet 1879.)

CONSEIL PRIVÉ. — Le *Conseil privé* est placé près du gouverneur pour préparer et éclairer ses décisions. Il comprend l'ordonnateur, le directeur de l'intérieur, le procureur général, deux conseillers privés choisis parmi les notables habitants et nommés par le Président de la République ou par le gouverneur et remplacés, au besoin, par deux conseillers suppléants, et le secrétaire archiviste qui tient la plume.

Le chef de service de santé, maintenant indépendant (1), a également l'accès du Conseil, toutes les fois qu'on y agite des questions relatives à son ser-

(1) Le décret du 13 novembre 1880 place le chef du service de santé sous les ordres directs du Gouverneur par analogie avec ce qui a lieu dans les ports militaires et l'appelle au Conseil privé avec *voix consultative* sur les matières rentrant dans ses attributions.

vice. L'inspecteur colonial y est également admis avec *voix représentative*. — Le gouverneur le préside, et a voix prépondérante en cas de partage ; les délibérations sont tenues secrètes et ont lieu à la *pluralité* des voix. — Le Conseil est investi, à la fois, d'attributions délibératives et d'attributions contentieuses.

Le Conseil *est consulté* par le gouverneur sur les questions administratives les plus importantes, sans que son avis lie le chef de la colonie ; comme juge, *il statue* avec l'adjonction de deux magistrats sur tout ce qui a trait au contentieux administratif (1), sauf recours au conseil d'Etat ; enfin, *il se constitue en commission d'appel*, également par l'adjonction de deux magistrats et du substitut du procureur général et prononce, sauf recours en cassation, sur l'appel des jugements rendus par le tribunal de première instance relativement aux contraventions, lois, ordonnances et règlements sur le commerce étranger et sur le régime des douanes.

Le Conseil privé a donc tout à la fois les attributions délibératives des cours d'appel limitées à certains cas, les attributions des conseils de préfecture en France, les attributions des conseils d'administration placés près des préfets maritimes dans les ports militaires.

CONSEIL GÉNÉRAL. — L'institution des Conseils généraux est antérieure à 1830 dans les colonies à

---

(1) Les réclamations formées par les particuliers et fondées sur la violation des obligations imposées à l'administration par les lois ou règlements ou sur la violation des contrats souscrits par elle, donnent ouverture à un recours contre cette administration. C'est ce recours qui constitue le contentieux administratif.

législature. — Le Conseil général, à cette époque, était composé d'un certain nombre de membres nommés par le roi sur une liste double de candidats présentée par les conseils municipaux.

La loi du 24 avril 1833 remplaça dans les colonies à législature les Conseils généraux par des *conseils coloniaux*, dont les membres étaient élus par des collèges électoraux spéciaux; ce conseil nommait des délégués près de la Métropole.

Les Conseils coloniaux disparurent en 1848.

Le sénatus-consulte du 3 mai 1854 rétablit les Conseils généraux et combina le principe de l'élection avec la nomination par les agents du pouvoir. — Le Conseil général fut nommé *moitié* par le gouverneur, *moitié* par les membres des conseils municipaux. — Le Conseil général nommait, à son tour, un délégué qui faisait partie du *comité consultatif* des colonies et représentait la colonie près du Gouvernement de la Métropole.

Le sénatus-consulte du 4 juillet 1866 eut pour but d'étendre les attributions des Conseils généraux en leur appliquant une grande partie des extensions de pouvoir conférées aux Conseils généraux de France.

M. de Chasseloup-Laubat, alors ministre de la marine, appréciait dans les termes suivants, qu'il convient de retenir, la situation faite aux Conseils généraux: « Vous savez quelle est la pensée libérale qui a dicté ces articles. Le Gouvernement a voulu donner aux colonies une grande liberté d'action. Désormais, elles pourront régler elles-mêmes la plupart de leurs affaires; maîtresses de tous leurs impôts, appelées à voter leur budget, elles ont tous les pouvoirs nécessaires pour développer leurs ressources, comme aussi pour diminuer leurs dépenses... Pour leurs rapports commerciaux comme pour leurs intérêts intérieurs, elles pourront faire ce qui leur paraîtra le plus avantageux. »

Depuis le décret du 3 décembre 1870, l'élection des conseillers généraux a lieu au suffrage universel, *par canton*, à la majorité absolue. Des décrets postérieurs assimilent de plus en plus les Conseils généraux coloniaux aux Conseils généraux de la Métropole.

Le nombre des conseillers généraux, fixé à 24 par le sénatus-consulte du 3 mai 1854, a été porté à 36 par le décret du 7 novembre 1879.

Les conseillers généraux sont pris parmi les citoyens âgés de 25 ans, rééligibles indéfiniment et nommés pour 6 ans avec renouvellement par *moitié*. Le Conseil a une session annuelle d'un *mois* et au besoin des sessions extraordinaires. Il est convoqué, prorogé ou dissous par arrêté du gouverneur qui doit, dans ce dernier cas, faire procéder dans les *trois mois* à de nouvelles élections. Les séances du Conseil sont publiques ; le directeur de l'intérieur y a ses entrées.

Le Conseil général *statue* sur certaines matières, telles que les taxes et contributions nécessaires à l'acquittement des dépenses de la colonie, les tarifs de l'octroi de mer, les tarifs des douanes ; ses décisions sont exécutoires après *un mois de délai*, sauf opposition du gouverneur pour excès de pouvoir ou violation d'un sénatus-consulte, d'une loi ou d'un règlement.

Le Conseil général *délibère* sur le budget de la colonie qu'arrête ensuite le gouverneur, sur les emprunts à contracter ou à consentir, sur le mode de recrutement des immigrants, etc., etc.— Des arrêtés du chef de l'Etat rendus sous forme de règlements d'administration publique, c'est-à-dire délibérés en conseil d'Etat, de simples décrets du chef de l'Etat ou des arrêtés du gouverneur, rendus en Conseil privé, revêtent les délibérations du Conseil de l'approbation nécessaire.

L'*avis* du Conseil est *demandé* par le gouverneur sur toutes les questions d'intérêt colonial et sur les modifications à apporter au territoire des arrondissements, cantons ou communes — et à la désignation des chefs-lieux, etc. Le président du Conseil peut adresser directement au ministre de la marine et des colonies les réclamations du Conseil.

Une *commission coloniale* composée de 4 à 7 membres remplit auprès de l'administration le rôle de la *commission départementale* métropolitaine (Décret du 12 juin 1879).

Comme on le voit par ce rapide exposé, le Conseil général a dans les colonies une importance exceptionnelle, grandie encore par l'éloignement qui sépare la colonie de la Mère-Patrie. De ses résolutions et de ses vœux dépendent les destinées du pays.

Le principe du suffrage universel appliqué à la nomination de ses membres a donné les meilleurs résultats, et en considérant les travaux fournis à la Guadeloupe par le Parlement colonial, depuis le fonctionnement de ce mode d'élection, il y a tout lieu d'avoir foi dans l'avenir de la colonie.

Si maintenant nous synthétisons par rapport à la France l'ensemble des institutions politiques de la Guadeloupe, nous sommes amené tout naturellement aux rapprochements suivants :

Le gouverneur remplit dans la colonie, avec des pouvoirs plus étendus, nécessités par l'éloignement de la Mère-Patrie, les fonctions de préfet dans le département. Il se dédouble, pour ainsi dire, dans la personne du directeur de l'intérieur, qui est son véritable bras droit ; enfin, il régularise l'action de tous les chefs de service qui, tout en relevant de leurs chefs directs, lui sont immédiatement soumis.

Pour l'assister, le gouverneur a auprès de lui, par analogie au conseil de préfecture qui assiste en France le préfet, un *conseil privé* dont la sagesse pondère ce que peut avoir d'excessif le sentiment d'un seul. Enfin, se mouvant dans une sphère toute différente, puisant ses aspirations dans le suffrage universel dont il est, maintenant et pour toujours, l'émanation directe, le conseil général condense dans ses votes l'expression des opinions qu'il représente. Il est pour la colonie une sorte de *petite Chambre* dont les avis éclairent le pouvoir, dont les votes sanctionnent les projets qui lui sont soumis et règlent l'administration économique du pays, dont les vœux et les réclamations portent à la France ses revendications et ses desiderata.

Pour couronner cet édifice de libertés si longtemps désirées et si justement acquises, un député (1) et

---

(1) La colonie est en instance, au moment où nous écrivons ces lignes, pour obtenir le droit de nommer un second député, comme le comporte le chiffre de sa population.

un sénateur représentent la colonie en France : le premier, issu du suffrage universel ; le second, nommé à la majorité des voix par un collège réuni au chef-lieu, composé du député, des conseillers généraux et d'électeurs délégués par les conse ils municipaux.

Les colonies, on s'en rend compte aisément, ont fait bien du chemin depuis quelques années ; leur autonomie est assurément considérable par rapport aux temps passés, mais il leur reste encore bien des étapes à franchir, avant d'arriver au système de *self-government* des colonies anglaises.

Affaire de patience et de sagesse !

En France, lorsqu'on a étudié l'administration du département, on passe tout naturellement à celle de l'arrondissement. Aux colonies, il en est autrement, et l'on est obligé de sauter cet échelon pour arriver de suite à l'administration municipale. Nous n'avons, en effet, aux colonies, ni sous-préfets, ni conseils d'arrondissement; et, si l'arrondissement est déterminé pour l'administration de la justice et l'administration financière, il ne fonctionne pas véritablement à l'état de rouage.

La chose est assurément regrettable, et la lacune sera comblée le jour où l'assimilation d'une colonie à un département sera complète. Certains centres, comme les dépendances, ou certaines villes, le Moule par exemple, la Pointe-à-Pitre, si elle ne devient pas le chef-lieu, trouveraient quelque avantage à être érigés en sous-préfectures.

La Guadeloupe comprend, au point de vue que nous avons indiqué, deux arrondissements : celui de la Basse-Terre et celui de la Pointe-à-Pitre.

L'arrondissement de la Basse-Terre a quatre cantons (1) : le premier canton se compose des communes de la Basse-Terre, siège de la justice de paix, de Saint-Claude (Camp-Jacob), de Goubeyre, du Vieux-Fort, du Baillif et des Vieux-Habitants ;

Le deuxième canton est formé des communes de la Capesterre, siège de la justice de paix, des Trois-Rivières, de la Goyave et des Saintes ;

La Pointe-Noire, siège de la justice de paix, Deshaies et Boillante constituent le troisième canton ;

Saint-Martin, avec le siège de la justice de paix au Marigot, forme le quatrième canton.

L'arrondissement de la Pointe-à-Pitre compte six cantons.

1° Le canton de la Pointe-à-Pitre, siège de la justice de paix, formant le cinquième canton, avec les communes des Abymes, du Gosier et du Morne-à-l'Eau ;

2° Le canton du Lamentin, siège de la justice de paix (sixième canton), avec les communes de la Baie-Mahault, du Petit-Bourg et de Sainte-Rose ;

3° Le canton du Port-Louis (7° canton), siège de la justice de paix, avec les communes du Canal et de l'Anse-Bertrand ;

4° Le canton du Moule (8° canton), siège de la justice de paix, avec la commune de Sainte-Anne ;

5° Le canton de Saint-François (9° canton), siège de la justice de paix, avec la commune de la Désirade ;

(1) Le canton est une circonscription territoriale dont les caractères principaux sont d'être le siège d'une justice de paix, de servir de point de départ au nombre des conseillers généraux à élire et d'être la base de répartition du recrutement militaire, etc.

6° Le canton de Marie-Galante (10° canton), avec les communes de Grand-Bourg, siège de la justice de paix, de la Capesterre et de Saint-Louis.

Saint-Barthélémy, avec un siège de justice de paix à Gustavia, forme un onzième canton.

En tout 2 arrondissements, 22 cantons, 34 communes.

ADMINISTRATION COMMUNALE. — La commune a aux Antilles comme en France un *caractère traditionnel*, et les premiers colons l'organisèrent à la Guadeloupe aussitôt qu'ils y furent établis.

Aux diverses époques de l'histoire coloniale, à partir de 1816 et sous l'empire du sénatus-consulte du 8 mai 1854, les maires, les adjoints et les conseillers municipaux furent nommés par les gouverneurs; en outre, des décrets rendus dans la forme des règlements d'administration publique (1) statuèrent, en vertu du sénatus-consulte précité, sur l'administration municipale.

Un décret du Gouvernement de la Défense nationale, en date du 8 décembre 1870, a rendu applicables à nos colonies à législature les dispositions législatives qui régissent en France l'élection des conseils municipaux : Les membres des conseils municipaux sont nommés à l'élection, et le gouverneur conserve la nomination des maires et des adjoints, sous la réserve de les choisir parmi les conseillers municipaux.

(1) On appelle ainsi les décrets élaborés par le Conseil d'Etat et ayant pour objet de déterminer la manière dont sera réglé un service public ou l'exécution d'une loi.

Les conseils municipaux délibèrent, donnent des avis ou expriment des vœux.

L'administration des biens communaux, le budget de la commune, les comptes du maire font l'objet *de leurs délibérations*, soumises à l'approbation du gouverneur ; *on les consulte* sur la distribution des secours publics, etc. ; — *ils peuvent formuler des vœux* sur tous les objets d'intérêt local (1). Le maire est comme en France officier de l'état-civil, juge de simple police, agent de l'autorité supérieure et chargé en cette qualité de l'exécution des lois et règlements, administrateur de la commune. — Il prend des arrêtés de police. — Le maire est aidé par des adjoints.

§ II. — **Villes.** — LA BASSE-TERRE. — Inclinée au Sud-Ouest par 15° 59' 30" de latitude N. et 64° 4' 22" de longitude O. du méridien de Paris, le panorama de *la Basse-Terre* offre de la rade un charmant coup d'œil.

Au premier plan, la ville se développant en une rue principale parallèlement à la côte et s'élevant par des rues secondaires, perpendiculaires à la première voie, à une hauteur d'environ 40 à 50 mètres ; au second plan, les riantes et fertiles collines de *Saint-Charles*, de *l'Espérance*, de *Beau-Soleil*, de *Mont-Désir*, de *Bellevue*, au pied desquelles

---

(1) Pour les détails de toute cette partie de notre travail, détails sur lesquels nous ne pouvons nous étendre davantage, nous renvoyons à l'ouvrage de M. Delarbre : *Colonies françaises, leur organisation, leur administration, etc.* Paris, 1877. Cet ouvrage fait autorité.

elle s'adosse ; enfin, au troisième plan, le volcan de la Soufrière formant le fond du paysage, et sur la droite les escarpements du Houelmont.

La ville est arrosée par la Rivière-aux-Herbes èt les ravines à *Espérance*, à *Billaud, Saint-Ignace*, ravines dont le lit n'est pas toujours assez respecté des riverains.

Fondée par les premiers colons, la Basse-Terre avait dès 1660 une certaine importance. On y remarquait plusieurs rues, une église ; les Carmes et les Jésuites y avaient des établissements. La ville fut ravagée et détruite par les Anglais, dans leurs attaques de 1666, 1691 et 1703. — Elle venait de se relever, quand elle fut de nouveau saccagée, en 1759. Un immense incendie, dont les pertes furent évaluées à plus de deux millions de livres tournois la consuma en partie le 15 août 1782. L'importance de la Basse-Terre était alors considérable, car elle était à la fois le siège du gouvernement, et, malgré sa rade foraine, le centre du commerce de la colonie.

En 1794 et en 1802, la guerre civile y porta ses ravages. La ville fut, en outre, éprouvée par de nombreux coups de vents, dont les plus terribles furent celui du 1er septembre 1821, l'ouragan du 26 juillet 1825, qui la détruisit presque complètement, enfin l'ouragan du 6 septembre 1865.

Les rues de la Basse-Terre sont, en général, larges et aérées. La ville compte deux églises : au centre de la ville, *Notre-Dame de la Guadeloupe*, érigée récemment, par bref pontifical, en basilique [mineure ; à l'Est, *Notre-Dame du Mont-Carmel*, la plus ancienne.

Deux places dotées de fontaines offrent une agréable promenade et présentent de frais ombrages. La place du *Cours Nolivos*, située au bas de la ville près du fort, est par sa situation même, bien que plus petite que la seconde, la plus animée; la place du *Champ d'Arbaud*, plus vaste, plantée d'arbres magnifiques, bordée par l'ancien et le nouveau Gouvernement, par le Trésor, la direction de l'Intérieur et des constructions d'un style colonial, est très recherchée des fonctionnaires, qui y jouissent d'une température inférieure à celle du bas de la ville. Le *Champ d'Arbaud* date, comme l'indique son nom, de gouverneur d'Arbaud (1775-1782) dont le nom est d'autant plus à retenir, que c'est sous son gouvernement, comme nous le faisons observer dans notre historique, que la Guadeloupe devint définitivement indépendante de la Martinique. L'ancien Gouvernement, détruit par le coup de vent de 1875 et sur l'emplacement duquel se trouvent de très beaux arbres, pourrait avec le Champ d'Arbaud former un superbe jardin. Signalons encore, à la Basse-Terre, les casernes d'infanterie et d'artillerie de marine, l'arsenal et l'Hôpital de la marine, constructions dont les proportions attestent l'effectif, bien diminué de nos jours, qu'elles contenaient jadis.

La ville de la Basse-Terre est avant tout une ville de fonctionnaires. C'est là que se trouve, depuis le commencement de la colonie, le siège du gouvernement. Y a-t-il lieu de l'y maintenir indéfiniment? On peut en douter. Le mouvement commercial de l'île étant tout entier à la Pointe-à-Pitre, la présence de l'autorité y est plus nécessaire; d'un autre côté, la Basse-Terre serait bien réduite, si elle cessait d'être le siège du gouvernement.

Voici, d'ailleurs, comment le savant économiste Jules Duval appréciait en 1864, dans son mémorable livre « *les Colonies et la politique coloniale de la France* », la situation que nous signalons et dont la solution s'impose de plus en plus à nos yeux :

« La Pointe-à-Pitre qui est déjà la principale ville pour la population, le commerce, les affaires, la supériorité de mouillage, réunit en outre l'avantage essentiel pour un chef-lieu administratif, d'occuper une position centrale, tandis que la Basse-Terre se trouve, à l'extrémité occidentale, dans des conditions agricoles et nautiques de beaucoup inférieures. La Pointe-à-Pitre semble donc fondée à réclamer la translation de tous les pouvoirs dans son enceinte; et quelque respect que l'on témoigne à la tradition, l'établissement de l'unité en un pays si divisé est un avantage digne d'être apprécié. »

La Basse-Terre est le siège d'un évêché, érigé le 25 septembre 1850, suffragant de Bordeaux, d'une cour d'appel, d'un tribunal de première instance, d'une justice de paix. Elle possède une chambre d'agriculture et une chambre de commerce. Un collège diocésain dirigé par les Pères du Saint-Esprit et un pensionnat tenu par les sœurs de Saint-Joseph de Cluny y donnent l'enseignement secondaire. Des sœurs du même ordre et des frères de Ploërmel dirigent l'instruction primaire des filles et des garçons.

La rade de la Basse-Terre est ouverte à tous les vents et sujette au ras de marée aux époques de l'hivernage, comme nous l'avons fait remarquer dans la géographie physique. Elle est éclairée par un feu fixe d'une portée de 7 milles. D'anciennes batteries abandonnées et le fort Richepance, ouvrage *en étage*, à la *Vauban*, actuellement sans aucune valeur militaire, la protégeaient jadis. On remarque encore le long de la rade les restes d'un ancien môle détruit par un ras de marée.

A 6 kilomètres de la Basse-Terre, se trouve le *Camp-Jacob* construit en 1847, pour remplacer les établissements *du Matouba* tombés en ruines.

Les troupes y sont à l'abri de la fièvre jaune ; encore les épidémies de 1868-1869, 1879-1880 en ont donné la preuve.

La Basse-Terre n'a qu'un journal : *la Gazette officielle*. La population de la ville, garnison et immigrants non compris, était de 8449 habitants au 1er janvier 1879, de 8.790 au 1er janvier 1880.

POINTE-A-PITRE. — La *Pointe-à-Pitre* est située par 16° 14' 22" lat. N. et 63° 51' 32" long. O. L'entrée de la rade frappe agréablement l'œil du voyageur. A droite, quelques mornes estompant le paysage sans grand relief de la Grande-Terre ; en avant, la Pointe toute neuve encore, au pied de laquelle s'amarrent de lourds vaisseaux ; entre vous et la terre, pendant la récolte, une forêt de mâts, signe de la prospérité commerciale de l'île ; sur votre gauche, de charmants petits îlets, lieux de plaisance et de repos ; enfin, au dernier plan, également à gauche, les hautes montagnes de la Guadeloupe, profilant leurs arêtes sur le ciel incomparable des Antilles.

Du POYET, gouverneur de la Guadeloupe de 1728 à 1734, eut le premier l'idée de tirer parti de la situation du port *à Pitre*, nom qui lui venait d'un marin *Peters* venu avec les Hollandais qui s'établirent dans l'île en 1654 et dont la cabane était construite sur la pointe N. O. du *Morne Louis*. Cette pointe fut nommée Pointe-à-Pitre, et l'îlot situé en face fut appelé *îlet à Pitre*, dénomination qu'il a conservé. L'idée de du Poyet, reprise dans un mémoire présenté par le gouverneur de Clieu en 1740, ne fut prise en considération qu'en 1763, à la reprise de possession du Petit-Cul-de-Sac de l'île, quand on se fut rendu compte du parti tiré par les Anglais, pendant leur occupation de 1759 à 1763.

La ville ne prit guère de développement qu'à partir de 1769, où un édit du roi en fit le siège d'une *sénéchaussée* qui comprenait toute la Grande-Terre et quelques communes au Nord de la Guadeloupe.

Sa position le fit appeler jusqu'en 1772 le *Morne Renfermé;* mais à dater de cette époque, le nom de Pointe-à-Pitre dont nous avons expliqué l'origine prévalut. La Pointt-à-Pitre se développa rapidement, et malgré un terrible incendie en 1780, on songeait déjà en 1784, sous le gouvernement de M. de Clugny, à y transférer le siège du pouvoir. Comme on le voit, la question n'est pas neuve, elle n'en est pas moins intéressante non plus.

La ville a été détruite par le tremblement de terre du 8 février 1843 (1) qui fut, on le sait, suivi d'un violent incendie. Les deux tiers de la ville ont été

(1) Ce tremblement de terre a causé à la colonie une perte d'environ 110 millions.

de nouveau consumés par l'incendie du 18 juillet
1871.

Malgré ces désastres répétés, la Pointe-à-Pitre est
une ville coquette et animée, respirant l'aisance que
donne un mouvement commercial important. Ses
rues sont bien percées. Elle s'incline vers le Sud-
Ouest, bordée par la mer à l'Est et au Nord, enser-
rée de l'Ouest à l'Est au Sud par le *Canal Vatable*.
Face à l'Ouest, s'étendent les quartiers les plus riches
de la ville; les quartiers qui y font suite et forment
la *Nouvelle Ville* limitent le canal Vatable.

Ce canal auquel le maréchal de camp Vatable,
gouverneur par intérim en 1826, et en 1830 gouverneur titulaire, a donné son nom, est pour la Pointe-
à-Pitre, où le paludisme est si fort à redouter, une
cause très sérieuse d'insalubrité. Depuis longtemps
on songe soit à combler le canal, soit à y établir un
courant qui chasserait ses eaux actuellement dor-
mantes. Les divers projets présentés à cet effet ont
été constamment ajournés par suite de considérations budgétaires. La question semble aujourd'hui
résolue en principe, mais le mode d'assainissement
n'est point encore déterminé. Le comblement serait
la solution la plus radicale et partant la meilleure,
mais dépasserait un *million*. Dans tous les cas, on
ne peut reculer plus longtemps : il y a là une question d'hygiène d'une importance exceptionnelle.

La Pointe-à-Pitre possède une belle église tout
en fer, récemment construite, en face de laquelle
on remarque le palais de justice. Sa place la plus
importante est la place de *la Victoire*, plantée de
sabliers séculaires, offrant à toutes les heures un

dôme de verdure sous lequel on peut braver la
chaleur. Sur cette place se trouve le théâtre, dont
la salle fort coquette est très suffisante. Signalons
le marché, pourvu d'une belle fontaine depuis que
la Pointe-à-Pitre possède une conduite qui amène
l'eau de la Guadeloupe en passant sous la Rivière-
Salée (1). Parmi les édifices publics d'une certaine
importance, il convient de citer l'hôpital de la marine, les casernes, l'hospice *Saint-Jules* sur la route
des Abymes, le *musée l'Herminier*, rappelant par
son nom la mémoire de l'éminent naturaliste que
la Guadeloupe s'honore de compter au nombre de
ses enfants.

La Pointe-à-Pitre possède une magnifique usine,
la plus belle et la plus vaste de toutes les Antilles,
l'usine d'Arbousier construite par la *maison Cail*.
Un chemin de fer et de petits vapeurs remorquant
des chalands amènent à l'usine les cannes des communes voisines. L'usine d'Arbousier peut fabriquer
10.000 tonnes de sucre par an.

La rade de la Pointe est une des plus belles du
golfe du *Mexique*; seules, les rades de *Fort de
France* et de la *Havane* peuvent rivaliser avec
elle, et encore la première est-elle préférée aux
secondes. Chaque année, plus de *cent navires* d'au
moins 500 tonneaux et un grand nombre de goëlettes faisant le cabotage viennent y apporter les

(1) Les premiers plans de conduite d'eau datent de 1785 ; il
y eut pendant la Révolution un aqueduc en bois incorruptible,
menant l'eau de la Guadeloupe à la Rivière Salée, où il y avait
un réservoir alimentant la Pointe-à-Pitre ; cet aqueduc fut détruit lors de l'insurrection de 1802. La Pointe-à-Pitre ne possède de l'eau que depuis 1869.

produits de l'importation et y charger ceux de l'exportation. C'est surtout pendant la récolte que la rade est animée. Le percement de l'*isthme de Panama* impose à la Pointe-à-Pitre, dont nous avons déjà fait observer l'excellente situation géographique sur la route du nouveau canal, l'obligation d'avoir un bassin de radoub à l'établissement duquel, suivant nous, la métropole et la colonie devront concourir. Il dépend de la mère-patrie surtout de donner à ce port, si exceptionnellement favorisé par la nature, une prospérité aussi grande que celle de *Saint-Thomas* (Antilles danoises) (1).

Le fort l'*Union*, jadis fort *Louis*, et le fort *Fleur-de-l'Epée*, dont les noms sont étroitement liés à l'histoire de la colonie, défendaient autrefois sa rade. Aujourd'hui, ils tombent en ruines ; leur valeur comme fortification ne correspond plus, d'ailleurs, au système de défense actuel.

La Pointe-à-Pitre est le siège d'un tribunal de première instance, qui remplit en même temps les fonctions de tribunal de commerce, et d'une justice de paix. Elle possède, comme la Basse-Terre, une chambre d'agriculture et une chambre de commerce, et en plus une banque coloniale sur l'importance de laquelle nous aurons l'occasion de revenir. Il y existe une caisse d'épargne depuis 1881 (2).

Les Frères de Ploermel et les Sœurs de Saint-

(1) Rappelons en passant que le choix de l'escale de *Fort-de-France*, au lieu de la *Pointe-à-Pitre*, a obligé la compagnie transatlantique à avoir un deuxième point de relâche à Saint-Thomas.

(2) D'autres caisses d'épargne doivent être successivement organisées dans les principaux centres de population. — C'est là une innovation à laquelle on ne saurait trop applaudir.

Joseph de Cluny y donnent l'enseignement primaire et secondaire. Deux journaux, le *Courrier de la Guadeloupe* (ancien *Echo*) et le *Progrès*, y sont publiés.

La population de la Pointe-à-Pitre était de 17.687 habitants au 1ᵉʳ janvier 1879, de 17.587 au 1ᵉʳ janvier 1880 (garnison et immigrants non compris).

LE MOULE. — Le *Moule* est situé par 68° 40′ 24″ long. O. et 16° 19′ 54″ lat. N., sur la côte orientale de la Grande-Terre; c'est le seul port que l'on trouve sur la *côte du Vent*. Nous avons vu dans la géographie physique les inconvénients que présente ce port exposé aux coups de mer et nous avons énoncé l'idée du Conseil général de relier ce port à la Pointe-à-Pitre par un chemin de fer, — idée malheureusement ajournée; nous n'y reviendrons pas. Disons seulement que le port du *Moule* reçoit par an environ *trente* navires d'une capacité de 300 tonneaux.

Dès 1776, le bourg du *Moule* avait assez d'importance pour qu'on y installât une sénéchaussée supprimée en 1783 et remplacée par un tribunal qui disparut bientôt lui-même, vu le peu de distance qui sépare les justiciables de cette ville de la Pointe. Aujourd'hui, le *Moule* n'est plus que le siège d'une justice de paix.

Le *Moule* est la seconde ville de la Grande-Terre. Le territoire de la commune, très riche et fort bien cultivé, comptait au 1ᵉʳ janvier 1879 10.798 h. et 11.024 au 1ᵉʳ janvier 1880. On y remarque plusieurs usines centrales et quelques établissements de commerce.

L'instruction publique est donnée au *Moule* par les Frères de Ploermel et les Sœurs de Saint-Joseph de Cluny.

La ville a été éprouvée le 15 novembre 1878 par un incendie assez conséquent.

Bien qu'on observe au *Moule* comme à la Grande-Terre des fièvres intermittentes, la ville est assez salubre.

§ III.— **Personnages célèbres.** — DUGOMMIER.— Jean-François-Coquille *Dugommier* naquit en 1736 dans la commune des Trois-Rivières ; il fut tué en 1794 par un éclat d'obus au milieu de son triomphe de Saint-Sébastien. Entré au service à l'âge de treize ans, Dugommier quitta l'armée avec la croix de Saint-Louis et se retira sur ses terres. Il accueillit avec ardeur la Révolution de 1789, et après avoir commandé la garde nationale de la Guadeloupe et pris part aux événements qui se passèrent en 1790 à la Martinique, il passa en France en 1792. Député de la Martinique à la Convention, Dugommier ne siégea pas et reprit du service. Général de brigade et de division à l'armée d'Italie, il dirigea de la façon la plus remarquable le siège de Toulon, livré par les royalistes aux Anglais. Sous ses ordres se signala pour la première fois *Bonaparte*, qui commandait l'artillerie et dont il distingua le mérite du premier coup d'œil. Placé ensuite à la tête de l'armée des Pyrénées-Orientales, Dugommier rendit à son pays le fort Saint-Elme, Collioure, Port-Vendres et Bellegarde que nous avaient pris les Espagnols, et mourut victorieux.

LÉONARD. — *Léonard* a vu le jour en 1744 dans la commune de Sainte-Rose. Il est mort à Nantes en 1793, au moment où, pris de la nostalgie de la terre natale qu'il était allé revoir et sur laquelle il avait séjourné trois ans, il allait s'embarquer pour la Guadeloupe.

Plein de mélancolie et de grâce, Léonard a surtout brillé dans l'idylle et la pastorale et a été le meilleur poète en ce genre du dix-huitième siècle. On a de lui un *Recueil d'idylles nouvelles*, le *Roman pastoral d'Alexis*, une *Traduction en vers du temple de Gnide*, un *Voyage aux Antilles entrepris en 1786*.

Ses œuvres ont été réunies en trois volumes par Campenon, son neveu, né également à la Guadeloupe en 1772, mort en 1848.

CAMPENON. — Campenon, auteur d'un poème élégiaque sur l'*Enfant prodigue* (1811) et d'une *Traduction d'Horace*, en vers, traduction qui jouit d'une certaine estime, fut membre de l'Académie en 1813. Sa candidature donna à Michaud, son rival, l'occasion de lui lancer l'épigramme suivante :

« Au fauteuil de Delille aspire Campenon,
« A-t-il assez d'esprit pour qu'on l'y campe ?... »

La rime, marquée par trois points, venait tout naturellement compléter le vers et le nom du candidat. Campenon répondit :

« Au fauteuil de Delille on veut porter Michaud,
« Ma foi! pour l'y placer, il faut un ami chaud. »

SAINT-GEORGE. — Le chevalier de *Saint-George*, homme de couleur, naquit en 1745 à la Basse-Terre et mourut en 1801. Son père, le fermier général de Boulogne, l'amena tout jeune en France et lui fit donner une éducation distinguée. Cavalier élégant, danseur habile, Saint-George excella surtout dans l'art de l'escrime et se fit en outre remarquer par quelques partitions d'opéra-comique.

Doué de tous les avantages physiques et d'un esprit charmant, Saint-George fut attaché à la personne du duc d'Orléans, alors duc de Chartres, et fut capitaine de ses gardes.

Il embrassa ensuite la cause de la Révolution et leva le 13° chasseurs, qu'il commanda comme colonel sous Dumouriez. Il revint à Paris après avoir signalé la défection de son général, fut arrêté comme suspect en 1794 et rendu à la liberté au 9 thermidor.

Saint-George termina ses jours dans la misère.

LETHIÈRE. — *Lethière* (Guillaume-Guillou), peintre d'histoire et paysagiste, naquit dans la commune de Sainte-Anne en 1760. Il est mort en 1832. Lethière vint en France à l'âge de quatorze ans, fut élève de Doyen et obtint le grand prix de peinture en 1786.

Directeur de l'Académie de France à Rome en 1811, il entra à l'Institut en 1818. Ses meilleurs tableaux sont *Philoctète gravissant les rochers de Lemnos* (Chambre des députés), le *Christ apparaissant sous la forme d'un jardinier* (église Saint-Roch, à Paris), *Brutus condamnant ses fils*, *Jugement de Paris*, etc.

GOBERT. — Le général de division *Gobert* naquit à

la Basse-Terre en 1769 et fut tué à Baylen le 22 juillet 1808. Il s'était distingué en Italie (1800), dans l'expédition du général Richepance à la Guadeloupe, et dans la campagne de 1806 contre l'Allemagne.

Son fils, Napoléon Gobert, né en 1807, eut pour parrain Napoléon Ier et fut baptisé en même temps que Napoléon III. Il mourut au Caire en 1833, après avoir rempli des fonctions diplomatiques. C'est Napoléon Gobert qui est le fondateur des *prix Gobert*, décernés par l'Académie française et l'Académie des inscriptions aux auteurs des meilleurs ouvrages sur l'histoire de France. Ces prix de 10.000 fr. restent la jouissance des lauréats tant que leurs ouvrages n'ont pas été surpassés.

BÉBIAN. — *Bébian* naquit à la Guadeloupe en 1789 et mourut en 1834. Elève de l'abbé *Sicard*, dont il était le filleul, Bébian dirigea, à partir de 1817, avec une habileté remarquable, l'institution de sourds et muets de Paris. Ses principaux travaux sont : *Essai sur les sourds-muets et sur le langage naturel; Eloge de l'abbé de l'Epée*, 1818 ; *Mimographie ou essai d'écriture mimique*, 1824 ; *Journal de l'instruction des sourds-muets et des aveugles*, 1826-1827 ; *Manuel d'enseignement pratique*, 1827 ; *Lecture instantanée*, 1828.

BARBÈS. — Armand *Barbès* est né en 1809 à la Pointe-à-Pitre. Il fit ses études en France et devint après la Révolution de 1830 l'un des chefs du parti républicain. Membre de plusieurs sociétés républicaines, au service desquelles il employa largement sa fortune et ses talents, Barbès fut emprisonné plusieurs fois. La cour des Pairs le condamna à mort en 1889 comme coupable du meurtre du lieutenant Drouineau, tué dans l'insurrection du 12 mai 1839, dont il était avec Blanqui et Martin-Bernard l'un des organisateurs. La peine de Barbès fut commuée en emprisonnement perpétuel. Rendu à la liberté par la Révolution de 1848, il siégea à l'Assemblée Constituante comme représentant de l'Aude. L'attentat du 15 mai contre l'Assemblée Constituante, auquel il prit part, lui valut la déportation. Il subit sa peine à Belle-Ile et au Mont-Saint-Michel. Gracié en 1854, Barbès alla vivre à l'étranger. Il est mort en 1870.

DUMANOIR. — *Pinel* (Philippe-François), dit *Dumanoir*, auteur dramatique, est né à la Guadeloupe en 1806 ; il est mort en 1865. Dumanoir a été le collaborateur des auteurs les plus en renom, Scribe, Clairville, Dennery, Siraudin, Barrière, Anicet Bourgeois, Etienne Arago, Bayard. Ses meilleures comédies sont : le *Code des femmes*, les *Femmes terribles*, le *Camp des Bourgeoises*. Seul ou en collaboration, il a signé 194 pièces (1).

§ IV. — **Races et répartition de la population.** — La race autochthone à la Guadeloupe était la race caraïbe ; elle disparut, comme nous l'avons précédemment observé, en 1660.

Les colons maîtres du sol par la conquête groupèrent alors autour d'eux, pour la culture du sol, des engagés européens, dont ils firent malheureusement des serviteurs esclaves. Les bras de ces engagés n'étant pas suffisants, on recourut à l'esclavage, et

(1) Parmi les contemporains, nous pourrions citer Adolphe Belot.

bientôt on ne recruta plus de travailleurs qu'à la côte d'Afrique. A partir de cette époque, il y eut à la Guadeloupe la race blanche, la race noire et la population de couleur, issue du commerce des deux races précitées. Depuis l'immigration, on compte sur le sol de la Guadeloupe une race de plus : la race indienne. Ce fut seulement l'ordonnance du 4 août 1833 qui donna aux esclaves un véritable état civil. On conçoit dès lors combien tous les calculs qui ont trait à la population avant cette époque laissent à désirer. A partir de 1848, l'état civil ne fait pas mention par race de la population. Il n'y a donc plus que deux ordres d'individus : les créoles, c'est-à-dire tous les individus nés dans la colonie, et les immigrants.

Les éléments créoles se répartissent à peu près dans les proportions suivantes : blancs 7 0/0; hommes de couleur 62 0/0; noirs 31 0/0.

Le nombre des hommes est inférieur à celui des femmes, mais tend à s'accroître; la moyenne générale est de 92 hommes pour 100 femmes. Cette moyenne et les calculs qui vont suivre sont établis sur l'ensemble de la période 1848-1875.

La moyenne des naissances est de 29,9 pour 1000; en France, elle n'est que de 26.

La mortalité se chiffre par 30,3 pour 1000; en France, par 23 à 24. Bien entendu, cet excédant de décès n'est pas constant.

Les mariages sont dans la proportion de 6 à 7 par 1000, chiffre inférieur à celui de l'Europe, qui donne 7 à 8. Les enfants naturels atteignent le chiffre de près de 250 pour 1000, proportion effrayante qui fait ressortir avec trop d'éloquence combien à la Guadeloupe il est important d'asseoir fortement la famille, car ce chiffre ne peut être comparé qu'à celui de la vertueuse Bavière, où il est de 237 pour 1000 !

Dans la période 1848-1875, 1000 hommes ne se sont augmentés que de 88 personnes, 1000 femmes de 72 unités.

On est loin, on le voit, de réaliser la loi de Malthus, *suivant laquelle, lorsqu'une population n'est arrêtée par aucun obstacle, elle va doublant tous les vingt-cinq ans, et croît de période en période suivant une progression géométrique.*

Ces chiffres et ces réflexions, que nous empruntons à la très remarquable étude de *M. le docteur Rey*, médecin principal de la marine, sont, comme nous l'avons fait observer, basés sur des observations faites pendant vingt-huit années (1). C'est dans l'histoire du pays qu'il convient d'en rechercher les causes. Elles sont des plus complexes, et leur étude ne saurait entrer dans les limites de ce travail. Nous nous contentons donc de prémunir le lecteur contre ce que peut avoir d'excessif une statistique et de lui conseiller de chercher à en corriger les conséquences qui en découlent par l'étude de l'histoire du pays.

Ces considérations générales développées, donnons maintenant quelques chiffres empruntés aux tableaux de population, culture, etc, — que publie chaque année le ministère de la marine. Ces docu-

---

(1) Etude sur la colonie de la Guadeloupe, topographie médicale, climatologie, démographie. — Berger-Levrault, Paris, 1878.

ments, on le sait, donnent les chiffres de l'année qui précède de 2 ans leur impression.

Au 1er janvier 1879, la population de la Guadeloupe et de ses dépendances s'élevait au chiffre de 174.231 habitants dont : 153.481 h. de population proprement dite, ce qui constitue une augmentation 4.997 h. sur l'année 1877 ; 19.892 immigrants ; 858 hommes de garnison. Ces 153.481 h. se répartissaient ainsi : 75.088 hommes comprenant 26.616 enfants au-dessous de 14 ans, 32.218 célibataires au-dessus de 14 ans, 13.404 hommes mariés, 2.850 veufs ; 78.393 femmes comprenant 25.836 enfants au-dessous de 14 ans, 33.598 au-dessus de 14 ans, 13.823 femmes mariées, 5.136 veuves.

Les décès, pour l'année 1878, ont excédé de 722 le nombre des naissances ; le chiffre des mariages a été de 564.

Il y a, outre la population donnée par l'annuaire de la Guadeloupe pour 1878, une *population flottante* composée à cette époque de 10.357 âmes et 872 fonctionnaires ou employés. La réunion de ces divers éléments donne le total général de 185.460 âmes pour la même année, soit environ *un homme* par hectare (1) !

(1) Nous ne donnons pas les chiffres de la population au 1er janvier 1880, les tableaux du ministère ne devant paraître que vers la fin de 1881 et les tableaux fournis par l'annuaire de la Guadeloupe présentant quelques erreurs, reproduisant notamment pour 1879 le tableau des mouvements de la population donné l'année précédente. — On sait cependant, d'après l'annuaire de 1880, que la population de la Guadeloupe s'élève, au 1er janvier 1880, au chiffre de 177.945 h. (garnison et immigrants compris).

§ V. — **Langues.** — Le *Caraïbe*, qui eut naguère ses grammaires et ses lexiques, comptait près de trente dialectes. On le parlait dans la Colombie, les Antilles et les Guyanes. — Le *Caraïbe* a disparu à la Guadeloupe en même temps que les premiers propriétaires du sol, léguant seulement quelques mots à notre langue (1). A la Guyane française, il est encore usité.

Le *français* est, à la Guadeloupe, la langue classique, sauf dans les dépendances de Saint-Martin et de Saint Barthélémy, où la majeure partie des habitants parle l'anglais. A côté de lui, se place le *Créole*, français corrompu qu'on comprend aisément avec un peu d'habitude, mais qu'il est plus difficile de bien parler. — Le créole est pittoresque, imagé, plein de finesse. — C'est un peu le parler de tout le monde, le français demeurant la langue des plus instruits. L'instruction primaire largement développée permettra bientôt à tous de s'exprimer dans notre belle langue. L'idiome créole se cantonnera de plus en plus dans les campagnes, absolument comme en France certains dialectes.

Le créole de la Martinique et celui de Haïti diffèrent peu de celui de la Guadeloupe ; et, qui comprend l'un, saisit facilement l'autre.

Enfin, les immigrants parlent la langue de la province dont ils sont originaires, ce qui ne laisse point d'être un embarras assez grand, notamment lorsque les Indiens ont à répondre devant la justice, où la

(1) *Ouragan, hamac, carbet,* etc.

présence d'un interprète devient forcément indis-
pnesable.

§ VI. — **Religions**. — Les Caraïbes croyaient à
l'existence d'un *Être supérieur* et admettaient la
récompense ou le châtiment dans une autre vie,
suivant qu'on avait obéi au bon ou au mauvais
principe dont chacun subit l'influence. Les efforts
des premiers missionnaires de l'île n'entraînèrent
point leurs convictions.

Après la disparition des Caraïbes, les Ordres re-
ligieux, *Jésuites*, *Capucins*, *Dominicains* et *Carmes*,
s'adonnèrent tout entiers à l'instruction des noirs
amenés par la traite dont la religion était le *poly-
théisme*. Ces Ordres furent les premiers à prêcher
l'*Evangile* à la Guadeloupe, où le clergé séculier ne
vint qu'en 1683.

L'histoire de ces missions est liée très intimement
aux débuts de la colonie. Nous n'avons point à nous
y étendre ici, pas plus que sur le rôle du clergé séculier qui les remplaça. Constatons seulement que
missionnaires et clergé montrèrent une sage tolérance pour les Protestants et les Juifs que les rigueurs de Louis XIII et de Louis XIV poursuivaient
aux colonies comme en France, qu'ils tinrent jusqu'à la Révolution les actes de l'état civil, enfin que
s'ils ne négligèrent point le temporel, ils surent du
moins se montrer bons et compatissants aux mal-
heureuses victimes de la traite.

A la Guadeloupe et dans ses dépendances, sauf à
Saint-Martin, où le culte protestant domine et a son
église, et à Saint-Barthélemy, où l'on compte envi-

ron 850 fidèles de cette religion, la population est catholique.

Depuis 1850, la Guadeloupe possède un évêché, suffragant de Bordeaux ; son siège est à la Basse-Terre.

GÉOGRAPHIE ÉCONOMIQUE

---

§ I. — **Richesses naturelles.** — La Guadeloupe et ses dépendances ont une superficie de 186.965 hectares, soit un peu moins du tiers de la superficie moyenne des départements de la France, environ le cinquième de la Corse, près de quatre fois la superficie du département de la Seine, le plus petit de nos départements. Si le territoire de notre colonie est restreint, le sol y est, en revanche, dix-huit fois plus actif que celui de la France ; les richesses naturelles y abondent. Nous allons les énumérer en parcourant les trois règnes de la nature.

RÈGNE ANIMAL. — Disons de suite, en parlant du règne animal, qu'il n'y a point à la Guadeloupe, d'animaux dangereux. Le *tryg mocéphale*, qu'on trouve si fréquemment à la *Martinique* et à *Sainte-Lucie*, y est inconnu ; et l'on peut errer, sans crainte, dans les forêts de l'île, la nuit comme le jour. On ne sait guère à quoi attribuer l'absence du trygonocéphale à la Guadeloupe, et bien des conjectures ont été faites pour expliquer ce phénomène, le sol de la Guadeloupe étant de même formation que celui de la Martinique, les deux îles ayant la même flore, et, à cette exception près, la même faune. Toujours est-il que le trygonocéphale introduit dans l'île, par accident, à plusieurs reprises, n'a pu y vivre.

Le *scolopendre* ou *mille-pattes* et le *scorpion* y sont assez communs ; leur piqûre sans danger détermine toutefois un peu de fièvre.

La *couleuvre* offre trois variétés, distinguées entre elles par la différence des couleurs ; l'*iguame*, sorte de grand lézard, est assez rare ; l'*anolis*, espèce de petit lézard familier des jardins, est très commun ; le *mabouya collant*, lézard de la même famille que l'anolis, fort gênant par son adhérence à la partie du corps sur laquelle il se pose, est beaucoup moins répandu. Comme le caméléon, l'anolis change de couleur, chaque fois qu'il enfle son fanon ; il fait une chasse active aux insectes et est lui-même poursuivi avec passion par les chats.

Si les animaux dangereux font heureusement défaut, les animaux nuisibles ou incommodes sont, par contre, en grande quantité. Les *moustiques* et les *maringouins* forment de véritables légions, qu'arrête à peine la moustiquaire ; les *fourmis rouges* ou *noires* pullulent dans les maisons comme dans les bois ; les *bêtes rouges* inquiètent les bestiaux dans les savanes ; les *sauterelles* sont nombreuses, sans être un fléau comme en Algérie ; les *chenilles* abondent dans les jardins ; les *poux de bois* forment dans les habitations d'épais bataillons, qui ont bientôt fait de détruire un plancher ou une cloison ; les *ravets*, les blattes du midi de la France, fouillent avec indiscrétion les tiroirs les plus secrets, et s'abattent quelquefois sur le sol comme une véritable ondée (1),

(1) Leur fourmillement est toujours un signe de pluie.

signalant leur passage par une odeur nauséabonde; enfin, les *cri-cris* commencent, à la tombée de la nuit, un assourdissant concert.

L'*araignée* de la Guadeloupe n'est point venimeuse comme dans d'autres colonies ; elle détruit le ravet.

Un insecte fort désagréable, c'est la *chique*, espèce de puce qui s'insinue dans les chairs, de préférence sous les ongles du pied ou la peau du talon, où elle se gonfle et acquiert le volume d'un petit pois ; il faut certaines précautions pour s'en débarrasser; car si l'abdomen de la chique qui contient ses œufs vient à crever, l'extraction est à recommencer. Il se produit souvent à la suite des démangeaisons qu'occasionne la chique, un petit ulcère que l'on guérit, en y appliquant du tabac ou du rouca.

Les mouches sont en grand nombre ; les *abeilles* et les *guêpes*, ces dernières fort à craindre pour leur piqûre, envahissent, à la campagne, les habitations, et il faut tout l'art de l'apiculteur pour leur faire quitter le domicile élu ; les *mouches à feu* éclairent de mille feux brillants les jardins et les forêts.

Parmi les animaux nuisibles, une mention toute particulière doit être consacrée aux *rats*. Ils peuplent par millions la Guadeloupe et font le plus grand tort aux champs de cannes, qu'ils dévastent. Sur chaque habitation, un certain nombre de chiens sont dressés à leur faire la chasse et il est donné, sur le budget de la colonie, *deux sous* par queue de rat présentée. L'utilité du chien, à ce point de vue particulier, est si grande a   olonies, que rarement on se débarrasse de la portée d'une chienne ; ajoutons, en passant, qu'on n'a jamais pu dans la colonie recouvrer la taxe des chiens. A la Martinique, la présence du serpent diminue beaucoup les ravages du rat ; le trygonocéphale leur fait une guerre acharnée et a au moins cette utilité qui est, on ne saurait le nier, très appréciable.

Passant maintenant à l'énumération des oiseaux, nous observerons tout d'abord que les *aras*, les *perroquets* et les *perruches*, qui existaient autrefois à la Guadeloupe, ont disparu à force d'y avoir été chassés. Ceux de notre possession étaient, suivant le P. Labat, un peu plus gros que ceux des îles voisines.

Les oiseaux des champs sont : le *ramier*, la *grive*, le *merle*, la *pie*, le *pluvier*, l'*hirondelle de passage*, les *oiseaux-mouches* et les *colibris*, passereaux aux délicieuses couleurs, etc.

Il existait autrefois, dans les hautes montagnes de la Guadeloupe, un oiseau de la grosseur d'une poule, qui n'y voyait que la nuit et se nourrissait de poisson ; il disparaissait de mai à septembre. Cet oiseau a été vainement recherché par tous ceux qui ont exploré les hautes montagnes de l'île.

Citons, parmi les oiseaux de nuit, la *chauve-souris* un peu plus grosse que celle de France ; parmi les oiseaux aquatiques, le *flamant*, la *frégate*, le *pélican*, hôte familier du grand Cul-de-Sac, où l'a acclimaté l'ouragan de 1865, le *héron*, le *crabier* (petit héron), la *mouette*, le *paille-en-queue*, et tous les oiseaux qui fréquentent les marais ; enfin, parmi les oiseaux domestiques, la *poule*, le *coq* remarquable par ses qualités guerrières, que l'on fait ressortir dans des combats encore très fréquents, l'*oie*, le *canard*, le *pigeon* et la *pintade*, dont les mœurs ressemblent beaucoup à celles de la perdrix et qui est aussi appréciée aux Antilles que naguère à Rome.

Les animaux de trait et le bétail, d'une utilité si grande dans un pays où les moyens de communication et de subsistance laissent fort à désirer, sont particulièrement intéressants.— L'espèce chevaline compte environ 6.000 têtes d'une excellente *race créole*, valant en moyenne 500 fr. Sobres, se suffisant avec l'*herbe de Guinée*, les petits chevaux créoles descendent à une vive allure les pentes les plus rapides, courent comme des chèvres dans les pas difficiles, et vont presque toujours *le train*. Les plus réputés sont ceux de Marie-Galante, des Vieux-Habitants et de Saint-Martin. Malgré leurs bonnes qualités, les chevaux de la Guadeloupe ne peuvent rivaliser avec ceux de Porto-Rico. On pourrait facilement améliorer la race et donner à ces petits chevaux la taille qui leur manque par des croisements entendus. Au moment de la guerre du Mexique, quelques étalons arabes ont donné, à la Guadeloupe et à la Martinique, d'assez beaux produits. Le cheval créole est surtout un moyen de locomotion ; il n'est guère de colon, si pauvre qu'il soit, qui n'en possède plusieurs. Pour les voitures, l'on se sert plus volontiers des *chevaux américains*, mais ces animaux sont dispendieux et s'usent vite. Des chevaux de grande taille, venant de la *Plata* où ils sont vendus à bas prix, ont donné d'assez bons résultats ; ils sont toutefois d'un dressage et d'un acclimatement difficiles. Pour les transports sur les habitations, on se sert des *mulets*, des *bœufs*, des *ânes*. Les mulets viennent du Poitou et de l'Amérique du Sud ; il y en a environ 5.000, d'une valeur moyenne de 500 fr., rendant d'excellents services. — La race bovine compte près de 10.000 têtes, d'une valeur moyenne de 200 à 300 fr. — Les vaches donnent un assez bon lait, les bœufs servent aux travaux des champs ; on leur préfère comme viande de boucherie les bœufs de Porto-Rico. — Il n'est jamais tué de veaux dans la colonie, sans doute à cause du prix de revient. Les ânes se chiffrent par 2.500 têtes, d'une valeur moyenne de 100 fr., et rendent les plus précieux services. Là où un cabrouet ne peut passer, l'*âne* transporte sur son dos des charges de cannes ; il se distingue, comme le cheval créole, par une étonnante sobriété.

Les *béliers* et les *moutons* comptent près de 14.000 individus, d'une valeur moyenne de 15 fr. ; ce chiffre serait aisément augmenté, si l'on utilisait toutes les savanes où l'on trouve de l'eau en quantité suffisante.

Les *boucs* et les *chèvres*, d'une valeur moyenne de 10 fr., sont au nombre de près de 15.000 ; ils dépassent seuls l'*espèce porcine*, qui se développe aux Antilles avec une remarquable fécondité et compte plus de 14.000 têtes, d'une valeur moyenne de 45 fr. L'ensemble de ces animaux domestiques dépasse en valeur la somme de dix millions de francs.

Terminons ce qui a trait au règne animal par l'énumération des poissons de mer très nombreux dans les hauts-fonds, et par celle des crustacés et des coquillages.

On trouve sous le vent des îles, dans les parties calmes, des *baleinoptères* de l'espèce Rorqual, plus petits que la baleine du Nord, et des *souffleurs*. Ces deux cétacés sont l'objet d'une pêche régulière au commencement de l'année, dans les canaux de Saintes, de Marie-Galante et de la Dominique. Les Américains, montés sur d'élégantes et solides goëlettes, sont les seuls à s'y livrer ; ils retirent environ 100 tonnes d'huile de leur pêche. L'absence de ressources empêche les Saintois, marins consommés, de se livrer à cette industrie qui, encouragée, pourrait devenir pour eux une véritable source de prospérité. Les *marsouins* sont assez nombreux, les *espadons* plus rares ; ces derniers font une guerre acharnée aux *souffleurs*. Les *squales* sont représentés par la *scie*, le *requin ordinaire* et le *requin-marteau*. Les *raies* sont énormes ; on les appelle des *anges*, par opposition sans doute au poisson *diable*. On trouve encore la *lune*, poisson à forme ronde, d'une chair assez délicate, et la *bécune*, poisson carnassier qui ressemble au brochet ; les dents de ce dernier poisson sont aussi fortes que les canines d'un boule-dogue ; sa chair est peu délicate.

Les *poissons épineux* et les *poissons volants* abondent.

Les *poissons comestibles* sont en grande quantité, mais il y a lieu d'en manger avec prudence, différentes espèces, principalement les *Carangues*, devenant facilement vénéneuses par la manière dont elles se nourrissent. Signalons la *dorade*, la *bonite*, dont la chair est assez semblable à celle du maquereau, le *tazard*, dont la chair blanche et ferme est excellente, la *vieille*, ressemblant à la morue et atteignant d'assez grandes dimensions, le *cardinal* et le *perroquet*, l'un rouge, l'autre vert et rouge, l'*aiguille de mer* ou *orphi*, le *balaou*, le *cayeu* et le *coulirou*, sortes de sardines, la *tortue caret*, enfin, sur les côtes, un petit fretin, les *pisquettes*, ou *titiris*.

La consommation de morue que l'on fait à la Guadeloupe montre assez que la pêche, malgré l'abondance du poisson, est loin d'être suffisante. Cela tient au peu d'activité des pêcheurs et à l'insuffisance des moyens dont ils disposent. Aussi ce poisson est-il assez cher dans la colonie.

Parmi les *crustacés* et les *coquillages* nous mentionnerons : les *homards*, très gros et très délicats, surtout ceux du Grand Cul-de-Sac, qui pourraient faire facilement l'objet d'un commerce de conserves; les *cancres* ou *écrevisses de mer; les huîtres*, extérieurement semblables à nos huîtres de Portugal, mais plus délicates, qui se rencontrent principalement dans le Grand et Petit Cul-de-Sac, et partout où il y a des palétuviers auxquels elles s'attachent (1); enfin, les *lambis*, limaçons de mer à chair peu délicate, dont la coquille sert à faire de la chaux.

Les *crustacés de terre* sont: le *crabe*, le *tourlourou*, un peu plus petit que le crabe, et le *soldat* ou *can-*

(1) Des essais d'ostréiculture faits à la Baie-Mahault par M. Descamps ont donné peu de résultats.

celle, sorte de crabe de moindres dimensions. On doit les manger avec précaution, car ces crustacés sont peu scrupuleux dans leur manière de se nourrir ; aussi est-il d'habitude de les priver plusieurs jours de nourriture avant de les apprêter. On en fait d'excellents pâtés ; ceux de Marie-Galante sont fort appréciés.

RÈGNE VÉGÉTAL. — Examinons maintenant les produits du règne végétal. Les *ignames*, les *couscous*, les *madères*, les *malangas*, farineux qui tiennent de la pomme de terre, les *pois*, quelques-uns de nos légumes d'Europe, le *maïs* comptent parmi ces cultures alimentaires appelées aux colonies *cultures vivrières*. Une mention toute spéciale est due *au manioc*. La tige de cet arbre est de la grosseur du bras et mesure près de deux mètres de hauteur ; sa culture demande un an. Pour préparer cet aliment, on enlève d'abord l'écorce du manioc en la rapant, on purge ensuite la tige de la liqueur mortelle qu'elle renferme, puis on réduit la racine en farine et on la fait sécher. Cette farine appelée *cassave* tient lieu de pain à une grande partie de la population. En Europe, on se sert du manioc pour faire le *tapioca*; cette denrée, qui pourrait devenir aux Antilles une denrée d'exportation, ne fait malheureusement que l'objet d'un commerce local. Des six espèces de manioc, la rouge est la plus estimée. On trouve le manioc dans toute l'Amérique du Sud.

Les principaux arbres fruitiers sont : le *bananier*, dont le fruit connu de tous se mange cuit ou crû;

l'*arbre à pain de Tahiti*, produisant un fruit gros comme un petit melon ; le *cocotier*, indigène aux Antilles ; l'*oranger*, si commun qu'on en compte près de vingt espèces ; le *manguier*, originaire de l'Inde, dont les fruits ont mérité les noms de *mangue céleste*, *mangue divine*, etc., et s'appellent simplement *mangots*, quand l'arbre n'est pas greffé ; le *sapotillier*, au fruit très estimé, l'un des arbres les plus beaux et les plus élégants des Antilles, l'*abricotier*, au port majestueux ; le *camaïtier* pomiforme, qui est avec le *mombin* l'un des plus grands arbres fruitiers ; l'*acajou à pomme*, dont le fruit renferme une sorte de noix très appréciée, appelée communément *noix d'acajou* ; le *tamarinier*, dont le fruit sert à préparer d'excellentes confitures et boissons ; le *pommier-cannelle* ou dattier de l'Inde ; le *goyavier*, le *papayer*, le *corossolier*, le *grenadier*, l'*avocatier*, dont le fruit appelé *avocat* donne une sorte de beurre végétal ; le *palmier* des Antilles à la tige lisse et élancée, atteignant jusqu'à trente mètres de hauteur, dont la cime donne le *chou palmiste*. Certains arbres ont, en outre, des propriétés médicinales bien connues : tels sont l'*aloès*, le *cassier*, le *calebassier*, le *copahu*.

D'autres fruits, ne pendant pas aux arbres, sont également à signaler : la *pomme-liane*, l'*ananas*, par exemple.

Certains fruits d'Europe : le *raisin*, les *figues*, les *artichauts*, le *melon*, les *asperges*, les *fraises*, etc., réussissent à merveille.

Les cultures industrielles, sur lesquelles nous reviendrons en détail, comptent parmi leurs produits : la *canne à sucre*, le *café*, le *cacao*, le *coton*, le *roucou*, le *campêche*, la *vanille*, le *vanillon*, l'*ananas*, déjà cité et qui tend à devenir un article d'exportation.

Les épices : *girofle, cannelle, muscade, poivre*, sont aujourd'hui complètement délaissées.

Le *tabac*, naguère la première production de la colonie, ne compte plus parmi les denrées d'exportation.

On trouve à la Guadeloupe plus de 460 genres de plantes; les *fougères* dépassent le chiffre de 200 espèces, et la colonie a pu, en 1878, présenter à l'exposition universelle 106 échantillons de ses *bois*.

Si, maintenant, nous classons les différents produits du règne végétal suivant l'altitude, nous pouvons compter quatre zones parfaitement distinctes :

1º Le rivage avec ses palétuviers et ses fourrés, où l'on rencontre le cocotier, le palmiste, le tamarin, les mancenilliers, les tendres, les acacias, les indigotiers, etc.;

2º Les lieux cultivés, où s'échelonnent, suivant l'altitude, les cultures industrielles ;

3º Les bois et les forêts, d'une contenance d'environ 48.000 hectares ;

4º La zone des mangliers, des petites fougères, des palmiers nains, des ananas sauvages, et en dernier lieu, la région de cette végétation que l'on ne rencontre qu'aux sommets des montagnes.

Les forêts présentent un merveilleux spectacle, sur lequel nous devons arrêter les yeux du lecteur. Les arbres les plus beaux y croissent au milieu d'une végétation luxuriante. Ici, c'est le *fromager* au tronc monstrueux ; là, le *gommier* à la haute stature, aux membres puissants ; plus loin, le *figuier sauvage*, le géant de la forêt ; puis viennent le *myrthe*, le *clusier*, remarquable par ses fleurs, le *flamboyant*, au rouge panache, l'*arbre du voyageur*, terminé en éventail, le *bignone*, le *cachiment-montagne* aux vigoureuses proportions, etc. Au pied de ces beaux arbres, il y a un véritable fouillis de troncs couverts de mousse, d'orchidées de toutes couleurs, d'ananas sauvages, de fougères ; aux sommets de ces arbres, les lianes courent de l'un à l'autre, les reliant et les entrelaçant, comme les cordages d'un navire, les mâts de celui-ci. Enfin, complétant ce magnifique ensemble, la cascade s'échappe à travers bois, timide ou impétueuse, suivant les saisons; et, de tous les points, s'élèvent en un harmonieux concert les voix des hôtes de la forêt vierge !

Les yeux ne sont pas seuls charmés. Parmi les arbres si beaux qui peuplent la forêt, plus de 20 espèces sont propres à l'ébénisterie, 86 peuvent servir à la menuiserie, 55 environ sont utilisés pour la charpente, 85 trouvent leur emploi dans le charronnage, quelques-unes sont recherchées pour les constructions maritimes.

Ces chiffres prouvent surabondamment le parti que l'on peut tirer des richesses forestières de la Guadeloupe. Malheureusement, les montagnes de l'île sont inexplorées pour la plupart, les voies d'exploitation n'existent pas, les transports sont insuffisants; enfin, aucune législation ne réglemente la coupe des bois. Un jour venant, nous l'espérons, l'attention des hommes spéciaux se portera de ce côté. La question en vaut la peine, car certains bois, comme les *bois rouges*, aussi beaux que ceux du Brésil, le *laurier-rose montagne*, le *noyer des Antilles*, l'*ébène verte*, si recherchée pour l'ébénisterie de luxe, — pour ne citer que ceux-là, — peuvent devenir l'objet d'importantes exportations (1).

RÈGNE MINÉRAL. — La Guadeloupe est très riche en eaux minérales. Voici l'énumération de ces eaux, d'après l'annuaire officiel de la Guadeloupe, énumération à laquelle nous ajoutons seulement quelques détails topographiques et l'indication de leurs principales propriétés.

1° *Sulfureuses*. — Eaux des hauteurs du *Matouba*, au pied septentrional du Nez-Cassé, à 1.068ᵐ d'altitude, déposant beaucoup de soufre hydraté et marquant la température de 58° centigrades, celle de l'air ambiant étant à 18° ; source de *Sophaïa*, commune de Sainte-Rose, admirablement située, marquant 31° centigrades (2) ; eaux de *Saint-Charles*, commune de Gourbeyre, marquant 24° centigrades, la seule source minérale d'eau froide de la colonie. Ces eaux sont efficaces pour les scrofules, les ma-

(1) Janvier et août sont l'époque la plus favorable pour la coupe.

(2) Sophaïa est un des plus beaux sites de l'île ; la fraîcheur du lieu rappelle le Matouba, une source froide légèrement ferrugineuse sourd à peu de distance des eaux sulfureuses ; tout, en un mot, désigne Sophaïa comme l'emplacement d'une petite station balnéaire.

ladies de la peau, les rhumatismes, les affections des organes respiratoires, etc.

2° *Salines faibles.* — *Bain du Curé* dans l'Anse du Pigeon, marquant 40° ; trois sources dans le lit de la *Rivière Bouillante*, marquant 47°5, 37°5, 39°5 ; *eaux de Dolé* (bassin de la Digue, 33° centigrades, bassin Cappès, 38°5, bassins Plainier, d'Amour, Avocat, Maugot), où les eaux froides se mélangent aux eaux thermales. Ces eaux conviennent aux personnes atteintes de rhumatismes et de maladies de peau.

3° *Salines fortes.* — Eaux de la *Fontaine Bouillante à la lume*, commune de Bouillante, au niveau de la mer, marquant 100° ; *eaux du Palétuvier*, même commune, à 300ᵐ du rivage, marquant 90° ; *bains chauds Beauvallon*, à 960ᵐ d'altitude, sur le chemin du Camp-Jacob à la Soufrière, très fréquentés des touristes de la Solfatare ; eaux de l'*habitation Bellevue*, commune de Bouillante, à 19ᵐ d'altitude, marquant 86°7 ; ces eaux ont naturellement des principes minéralisateurs plus actifs que les précédentes.

4° *Salines fortes avec dépôts ferrugineux.* — Ces dernières eaux laissent déposer dans les bassins des précipités abondants, qui contiennent plus de 50 p. 0/0 de leur poids de peroxyde de fer ; *Bains Jaunes* sur le plateau du Gommier, à 982ᵐ d'altitude, marquant 40 à 50° ; *eaux du Morne Goyavier*, à 974ᵐ d'altitude.

Signalons, enfin, une source de la *Ravine-Chaude,* à 4 kilom. de Lamentin, marquant 83 à 34° et ayant des propriétés analogues à la source de *Saint-Gaudens* (Pyrénées).

Passons maintenant aux autres produits du règne minéral :

A Saint-Barthélemy on a constaté, dernièrement, la présence de *mines* de zinc et de plomb assez riches qui, jusqu'ici, n'ont point été exploitées.

Saint-Martin possède de vastes *salines,* produisant annuellement près de quatre millions d'hectolitres d'un très beau sel. Cette industrie pourrait être facilement augmentée ; et cela serait d'autant plus désirable, que la culture de la canne semble malheureusement ruinée dans cette dépendance.

La *lave,* le *soufre,* la *basalte,* l'*ocre,* l'*argile,* la *silice,* la *tourbe,* la *lignite* sont en abondance à la Guadeloupe ; le *fer sulfuré* et le *manganèse* y sont plus rares, et quelques traces seulement révèlent leur présence. La lave et l'argile présentent seules une utilité économique ; les diverses variétés de la lave sont employées pour le pavage des rues, la construction des maisons et les fourneaux des sucreries ; l'argile peut être utilisée par l'agriculture et est employée dans la fabrication de la poterie, des tuiles, briques, etc. (1).

Le *soufre,* pour les causes que nous avons déjà indiquées, n'est d'aucun usage économique.

(1) A propos de l'argile, signalons la singulière propriété qu'a l'*argile stéatiteuse* de provoquer une appétence irrésistible de terre, appelée *Géophagie.*

§ II. — **Agriculture.** — Nous avons énuméré ci-dessus les principales cultures industrielles de la Guadeloupe. Nous allons maintenant exposer, en détail, tout ce qui les concerne.

Le sucre est aux Antilles, a dit M. Jules Duval dans son livre sur les colonies et la politique coloniale de la France, *le pivot de l'agriculture, de l'industrie et du commerce* (1). Aura-t-il toujours l'honneur de la première place? Cette question se pose depuis longtemps et sa solution est si grosse pour l'avenir des Antilles, que l'on conçoit aisément qu'il y aurait témérité, en l'état actuel des choses, à la préjuger.

Quoi qu'il en soit, ce problème passionne vivement les économistes et les colons. Certains esprits affirment que nos colonies à plantation trouveraient de grands avantages, en présence de l'importance toujours croissante de la production du sucre de betterave, à essayer d'autres cultures; mais lesquelles? c'est là le point embarrassant.

D'autres, tenant compte du fait accompli, estiment que la canne qui a rendu à plusieurs reprises nos colonies prospères, à la culture de laquelle la population de l'île est rompue, pour laquelle des frais immenses ont été faits, peut encore lutter avec avantage contre la betterave, si la Métropole introduit dans sa législation sucrière, tant de fois remaniée, des modifications mettant sur le même pied d'égalité la production indigène et la production coloniale. — Pour ces derniers, *le problème de la canne*

(1) La Guadeloupe a été la première de nos colonies à établir des sucreries, en 1644.

se lie à celui de l'immigration. — Nous devons, pour être complet, exposer en entier ce problème économique et social.

IMMIGRATION. — L'immigration a son origine dans l'émancipation de 1848. Sur 87.752 esclaves que comptait à cette époque la Guadeloupe, 78.000 travaillaient sur les habitations rurales, où le plus grand nombre cultivaient la canne. — Après l'émancipation, les propriétaires cherchèrent d'abord à retenir, par quelques concessions, les nouveaux affranchis, qu'ils organisèrent en ateliers ; mais, soit insuffisance de salaire, soit répulsion pour des travaux qui leur rappelaient l'esclavage, ceux-ci abandonnèrent les travaux de la campagne, le divorce de la propriété et du travail s'accentua, et la colonie qui produisait 88 millions de kilogrammes de sucre en 1847, vit le chiffre s'abaisser à 20 millions, en 1848, et à 17 millions l'année suivante. Il fallait aviser immédiatement.

Les premiers immigrants furent des enfants de la Gascogne et des Pyrénées ; les uns firent de la politique, d'autres s'acclimatèrent difficilement ; on dut, par suite, écarter l'immigration européenne dès le début ; et, suivant l'exemple de l'Angleterre, on chercha des travailleurs à Madère. — Près de deux cents ouvriers furent ainsi introduits, en 1854. — Malheureusement, la population de Madère, épuisée par son émigration dans les colonies anglaises, refusa ses bras à la Guadeloupe.

On demanda ensuite des travailleurs à l'Inde, à l'Afrique et à la Chine, et diverses compagnies

furent chargées d'opérer le recrutement. Le travail
le plus avantageux était celui de l'Africain, venait
ensuite celui de l'Indien ; les Chinois étaient surtout
employés comme domestiques.

On n'a plus recours aujourd'hui qu'au recrutement indien.

La Guadeloupe compte actuellement 22.000 immigrants. Une convention signée le 1er juillet
1861 entre la France et l'Angleterre règle le mode
de recrutement, d'introduction et de rapatriement
des travailleurs. L'engagement est volontaire et
ne peut excéder cinq années. Un agent français
agréé par le gouvernement anglais dirige les opérations de recrutement, conformément aux règlements établis pour le recrutement des travailleurs à destination des colonies anglaises ; le rapatriement est à la charge du gouvernement français,
alors même que l'Indien se rengage, auquel cas il a
droit à une prime ; la femme de l'Indien, ses enfants, s'ils ont quitté l'Inde avant l'âge de dix ans,
les enfants qu'il a eus dans la colonie, le suivent s'il
est rapatrié.

Un agent britannique surveille les départs, qui
ont lieu du 1er août au 15 mars ; un médecin et un
interprète accompagnent le convoi ; les conditions
hygiéniques à bord sont réglementées d'une manière toute particulière. La proportion des femmes
est actuellement d'une femme pour quatre hommes;
le mari ne peut être séparé de sa femme et de ses
enfants. L'Indien ne peut changer d'employeur sans
le consentement de ce dernier. Les agents britan-
niques exercent dans la colonie une surveillance

spéciale et reçoivent les réclamations. Enfin, le traité que nous résumons peut être dénoncé chaque année.

Divers décrets ou arrêtés règlent ensuite la situation de l'Indien dans l'intérieur de la colonie. Voici leurs principales dispositions. Les heures de travail, la nourriture, les soins médicaux, les conditions de logement, etc., sont soigneusement déterminés. — Un personnel spécial divisé en service actif ou d'inspection et en service sédentaire, et des syndicats protecteurs établis à la Basse-Terre, à la Pointe-à-Pitre et à Marie-Galante veillent à l'observation des règles édictées.

Le propriétaire *qui manque à ses engagements ou exerce des sévices contre ses Indiens ne reçoit plus d'immigrants.* — Dix coolies au maximum par convoi sont affectés à une même habitation.

L'Indien coûte environ 500 fr. de frais d'introduction; la moitié de ces frais est à la charge du budget, l'autre moitié à la charge de l'engagiste. Le rengagement, qui a lieu devant le maire et le syndic de l'immigration, revient à la colonie à 244 fr. et l'engagiste débourse de 200 à 250 fr.

La journée de l'Indien, suivant l'étude faite par une commission présidée par M. de Chazelles, revient à 2 fr. 10, en tenant compte de la prime payée, de la nourriture, des vêtements, des soins d'hôpital, des non-valeurs et de la mortalité (1).

Résumons maintenant les opinions les plus im-

(1) Le travailleur créole gagne environ 1 fr. 75 par jour et peut doubler son salaire pendant la récolte.

portantes pour et contre le maintien de l'immigration. Au point de vue social, disent les économistes, on introduit dans la colonie une race nouvelle, infectée de vices, susceptible d'amener avec elle le choléra asiatique; au point de vue économique, on détourne la population indigène de la culture du sol, on livre la production coloniale à la merci du premier conquérant venu qui s'emparera de l'île, on oblige l'administration à s'immiscer dans l'économie rurale, on néglige la recherche d'instruments perfectionnés, — les bras abondant, — *on fait concurrence au travail indigène* et l'on distribue aux coolies des salaires qu'ils emportent au loin, on met le travail agricole à la merci d'une puissance étrangère qui peut dénoncer le traité qui la lie et refuser des coolies, enfin l'Indien est payé par tous et un petit nombre profitent de son introduction, etc., etc.

Les partisans de l'immigration répondent: Les habitants du pays, pour des causes diverses, ne fournissent environ que 7.000 bras à la culture; faut-il donc, en présence de l'absence de travailleurs créoles, laisser la grande culture péricliter et disparaître ? L'immigration ne fait pas concurrence au travail créole, ce dernier étant toujours préféré; les salaires n'ont pas baissé depuis l'introduction des immigrants, ils ont au contraire augmenté progressivement, et le journalier créole gagne maintenant 1 fr. 75 par jour et gagnerait davantage, si la régularité de son travail était assurée; sans l'Indien, la colonie n'aurait jamais quadruplé ses revenus en portant de 12,000,000 (1850) à 48,000,000 (1878) le chiffre d'exportation de ses sucres; l'introduction de l'Indien est, il est vrai, payée en partie par le budget, mais tous en profitent; d'ailleurs, les charges du budget tombent surtout sur la grande propriété ; en résumé, l'immigration est une *question de vie ou de mort pour la colonie*, etc., etc. — Au point de vue social, ajoutent les défenseurs de cette thèse, l'immigration arrache à la famine toute une population qui périrait sans cela ; une sage proportion des sexes peut diminuer les vices reprochés ; la menace du choléra asiatique est illusoire, avec des précautions sanitaires bien entendues ; l'Indien, que l'on dit maltraité, est l'objet d'une protection dont il est bien difficile de tromper la vigilance, etc., etc.

Nous sommes naturellement obligé de restreindre, faute de place, les arguments de la défense et de l'attaque, et de n'énoncer que les plus décisifs.

A ces deux écoles, l'une qui demande la suppression complète de l'immigration, l'autre son maintien et son élargissement, s'en ajoute une troisième qui, sans repousser l'immigration, demande qu'elle soit libre et ne figure plus au budget colonial.

Notre sentiment sur cette importante question est que l'immigration est *un pis aller*, mais un pis aller actuellement nécessaire : l'immigration, c'est *l'importation du travail* là où ce travail n'est pas assuré ; avant de supprimer l'immigration, il faut donc assurer le travail. Toute la question est là, et la solution se lie intimement à l'état social de la colonie (1).

_____

(1) On comprend aisément que notre qualité de militaire nous impose une grande réserve et restreigne forcément le développement de nos conclusions.

Observons, avant d'abandonner cette matière et de passer à l'étude des cultures industrielles, que la culture du sucre n'est pas la seule qui nécessite l'emploi de bras étrangers, et que les cultures du café, du roucou et du cacao font également appel à l'immigration indienne.

Sucre. — On retire le sucre principalement de la *canne à sucre* et de la *betterave*; mais il peut être extrait, dans des proportions moins avantageuses, de certaines graminées autres que la canne, par exemple du maïs, du Sorgho (Chine), — d'autres racines que la betterave, telles que la patate, le navet, — de certains fruits, comme la banane, les dattes, — de la sève de certains arbres, l'érable, le palmier, etc.

La canne est originaire de l'Asie Méridionale, et était cultivée de temps immémorial dans l'Inde et dans la Chine. Certains auteurs ont prétendu qu'elle était indigène des Antilles, mais la chose est loin d'être tirée au clair La canne à sucre est une *graminée* de trois ou quatre mètres de hauteur Sa tige ressemble à un roseau et est terminée par une flèche soyeuse qui forme panache.

Mûre 15 à 30 mois après sa plantation, suivant l'altitude, la canne subit d'abord une première coupe, puis deux autres dans les trois ou quatre années suivantes, et est ensuite arrachée. Nous verrons, au chapitre Industrie, les procédés employés pour extraire la moelle sucrée contenue dans sa tige.

Dix ans après l'établissement de la Colonie, en 1644, on commença à faire du sucre à la Guadeloupe. Les Espagnols et les Portugais nous apprirent les premiers à extraire le jus de la canne; nous leur montrâmes par la suite à raffiner le sucre.

Cinquante ans suffirent à la canne créole et à la canne de Batavia pour détrôner le tabac, l'indigo, le cacao et le roucou, qui lui faisaient concurrence. L'avenir dira s'il n'aurait pas mieux valu développer énergiquement ces cultures, trop vite abandonnées.

En 1790, la canne de Tahiti, plus riche en vesou, remplaça les espèces précitées et depuis tient toujours la première place. A la même époque, la Guadeloupe exportait 8.700.000 kil. de sucres.

De 1790 à 1816, les renseignements sont trop peu précis pour que nous donnions des chiffres.

En 1816, date de la reprise de possession de l'île, la production ne dépasse guère 500.000 kil.

Sous la Restauration, les lois sur la législation des sucres se succèdent sans trève, et changent à chaque instant les droits. Toutefois, les prix sont avantageux pendant cette période, et la culture de la canne prime bientôt toutes les autres à la Guadeloupe. Ce fut précisément l'élévation des prix à cette époque qui contribua à l'extension de la production betteravière.

A la fin de 1818, l'exportation est de 21.800.000 kil. et la canne couvre 17.500 hectares.

A partir de 1824 jusqu'en 1848, la moyenne annuelle dépasse 30.000.000 de kil.

Malheureusement, tandis que la culture de la canne restait stationnaire, celle de la betterave prenait un développement considérable. C'est ainsi que de 1828 à 1847, la production du sucre de betterave s'élevait de 8 millions à 60 millions de kilogrammes. Cet état de choses a tenu à diverses causes, que nous aurons lieu d'analyser dans leur ensemble en traitant du pacte colonial.

Après le tremblement de terre de 1843, qui avait renversé un grand nombre de sucreries, d'immenses progrès furent accomplis à la Guadeloupe par la création, sous le patronage du Gouvernement, de quatre usines centrales, deux dans la commune du Moule, une au Port-Louis, la quatrième à Marie-Galante (1). On séparait ainsi pour la première fois la culture du travail manufacturier, et l'on obtenait pour ce dernier un rendement double.

De 1848 à 1853, la production se ressent de la transformation sociale du pays et ne dépasse pas la moyenne de 18 millions de kilogrammes. A partir de cette époque, le travail reprend, on commence à faire appel à l'immigration ; les usines se multiplient, et la production dépasse en 1878 le chiffre de 48.000.000 de kil. qu'elle n'avait jamais atteint, en donnant pour cette période de 25 ans une moyenne annuelle de plus de 30.000.000 de kilogrammes. Aujourd'hui, la lutte est plus vive que jamais entre la canne et la betterave : la production de la betterave est en France de 400.000.000 de kil. alors que la production totale des colonies atteint seulement 85 millions de kil. ; la betterave semble donc, au

(1) Société anonyme dite « Compagnie des Antilles. »

premier abord, devoir l'emporter définitivement.
Cependant, on peut faire cette remarque que la
canne est incontestablement la plante saccharifère
la plus riche du monde et qu'elle a pu jusqu'à ce
jour lutter contre la betterave, bien que se trouvant
dans des conditions très désavantageuses. En effet,
la betterave est manufacturée sur place ; sa culture,
par suite de l'abondance des bras, est aussi *intensive*
que possible. — La canne, au contraire, supporte un
fret considérable ; les bras manquent souvent à sa
culture et elle est obligée d'aller chercher au loin
tous les éléments de prospérité que la betterave a
sous la main. Aussi, les défenseurs de la canne
pensent-ils qu'il n'y a pas lieu d'abandonner cette
culture, qu'on doit la conserver et la perfectionner,
ce qui n'empêchera pas, — le terrain est assez vaste
pour cela, — d'essayer dans la colonie d'autres cultures. Ils pensent encore qu'on doit chercher avant
tout à égaliser la situation de la canne et de la
betterave, au moyen de droits différentiels (1); que
la consommation du sucre et par suite la production ne peuvent qu'augmenter, car la France ne
consomme annuellement que 7 kil. 1|2 par habi-
tant, alors que l'Angleterre dépasse le chiffre de
30 kil. par tête.

La culture de la canne à la Guadeloupe est can-
tonnée dans les plaines de la Grande-Terre où la
nature du sol lui est éminemmeut favorable, à Marie-Galante où elle trouve les mêmes conditions de
succès, et sur les flancs de la Guadeloupe propre-

(1) Malheureusement, la dernière loi sur le dégrèvement des
sucres profitera surtout à l'industrie métropolitaine.

ment dite où elle prospère jusqu'à la hauteur de 350 mètres; les riches plaines de Sainte-Rose et de la Capesterre lui sont des plus propices. Seule de toutes les dépendances, Saint-Martin cultiva autrefois la canne; l'on doit regretter que des événements malheureux aient amené les planteurs à abandonner cette culture, en se rappelant la réputation très justifiée du rhum de cette île.

Avant l'émancipation de 1848, les grandes propriétés variaient entre 100 et 150 hectares et produisaient de 50.000 à 75.000 kil. de sucre. Depuis la multiplication des usines, ces propriétés ont été réunies en grandes exploitations variant entre 600 et 2.000 hectares; à côté d'elles se développe la petite propriété. Le prix de l'hectare s'élève de 250 à 500 francs.

Chaque hectare donne un rendement moyen de 3.500 kilogrammes de sucre (2.500 kilogrammes pour les cannes manufacturées sur les habitations, 4.500 kilogrammes pour les cannes portées à l'usine). La culture de la canne nécessite l'emploi des engrais chimiques et demande un an de fumure. *La récolte a lieu tous les ans de janvier à juillet inclus.* Les années pluvieuses sont, en général, les plus favorables à la production. D'après les documents officiels, la canne demande 2 hommes 1|2 par hectare (1).

28.152 hectares sont, d'après les mêmes documents de l'année 1878, plantés en canne (2); 49.348 travail-

---

(1) Beaucoup de colons prétendent qu'un homme par hectare suffit.

(2) On doit défalquer de ces chiffres les terres en préparation pour l'année suivante.

leurs sont employés à cette culture sur 564 habitations. Les quantités produites ont été de 45.204.235
kilogrammes de sucre *d'usine*, 18.273.411 kilogrammes de *sucre brut*, 1.100.000 kilogrammes de
sucre *terré* et *concret*, sur lesquels 48.118.126 kilogrammes de sucre de toute nature ont été *exportés*.
Pour les sirops, les mélasses, les rhums et les taflas,
les quantités ont été : sirops et mélasses, 3.815.952
litres ; rhums et taflas : 1.884.194 litres. L'exportation de ces mêmes produits a été : mélasses,
1.234.008 litres ; rhums et taflas : 2.627.798 litres.
La valeur brute de ces divers produits dérivés de la
canne donne le total de 36.645.571 fr. 40, nécessitant
20.952.560 francs de frais d'exploitation, ayant une
valeur nette de 15.693.011 fr. 30.

Comme il est aujourd'hui très difficile d'augmen-
ter le prix des sucres, on doit nécessairement cher-
cher à diminuer le prix de la production. Dans cet
ordre d'idées, nous pensons qu'il y a lieu de créer à
la Guadeloupe une école d'agriculture dans le genre
de celle de Grignon, de développer la culture de la
canne sur la grande et sur la petite propriété,
d'augmenter l'élève du bétail sur les habitations, ce
qui restreindra les frais généraux d'exploitation,
enfin d'utiliser plus largement les moyens méca-
niques compatibles avec ce genre de culture.

CAFÉ. — Le *café*, dont Delille a ainsi décrit les
effets :

> Mon idée était triste, aride, dépouillée ;
> Elle rit, elle sort richement habillée ;
> Et je crois, du génie éprouvant le réveil,
> Boire dans chaque goutte un rayon de soleil,

est le fruit, en forme de *cerise*, d'un charmant et élégant arbrisseau toujours vert, d'une hauteur d'environ 3 mètres, qui croît principalement dans les mornes et dans les terrains accidentés (1). Chaque fruit contient deux graines accolées : on se sert d'un moulin à décortiquer, nommé *grage*, pour enlever la pulpe de ces grains qu'on fait ensuite sécher au soleil, enveloppés seulement d'une mince pellicule nommée *parchemin*. A cinq ou six ans, le caféier est en plein rapport ; à trois ans, il commence seulement à donner des fruits. Un pied produit généralement une livre de café ; un hectare peut donner 600 kilogrammes environ. Le caféier craint les coups de vent et est sujet à une maladie particulière, la *rouille*, causée par des pucerons. *La récolte du café commence en août et se termine en décembre;* dans les terrains de 5 à 600 mètres et au-dessus, elle commence et finit un peu plus tard.

Le café fut introduit en 1730 à la Guadeloupe, et dès 1790 l'exportation atteignait 3.710.850 kilogrammes. La production du café a subi, depuis, de nombreuses variations. De 1817 à 1832, la moyenne se chiffre par un million de kilogrammes environ. Depuis cette époque, elle diminue considérablement et varie de 1832 à 1846 entre 800.000 et 300.000 kilogrammes, de 1846 à 1866 entre 150.000 et 400.000 kilogrammes. Dans les vingt années qui suivent, la production se relève un peu et oscille entre 250.000 et 400.000 kilogrammes. Enfin, en 1878, la statistique

(1) On sait que le café, originaire d'Arabie, fut introduit à la Martinique en 1723 par le capitaine de Clieu et passa de cette île aux Antilles voisines.

nous donne : pour la production, le chiffre de 792.278 kilogrammes d'une valeur brute de 1.980.682 fr. 50, coûtant environ 1.195.500 fr. de frais, rapportant net 785.182 fr. 50; pour l'exportation, le chiffre de 614.217 kilogrammes (1). 5.778 bras cultivent le café sur 926 habitations d'une superficie totale de 8.985 hectares (2).

Le café de la Guadeloupe est vendu sur le marché avec la *marque de la Martinique*. Cette anomalie signalée tant de fois continue à exister ; cependant, la Martinique ne compte pour l'année, base de nos énumérations, que 534 hectares plantés en café rapportant net 110.600 fr.

On a essayé dans ces dernières années, avec assez de succès, la culture du café *de Libéria* qui s'acclimate très bien dans les zones inférieures et serait peut-être une ressource sérieuse pour les *Grands-Fonds*.

CACAOYER. — Le *cacaoyer*, indigène aux Antilles et dans l'Amérique méridionale, ressemble un peu au cerisier d'Europe. Les Caraïbes donnaient à l'arbre lui-même le nom de *Cacao*, qui est celui du produit que l'on en tire. Le fruit du cacaoyer, appelé *cabosse* a la forme d'un petit concombre; il renferme une quarantaine d'amandes, et ce sont ces amandes, séchées dans des fosses et soumises à une légère fermentation, qui donnent le cacao, base du *chocolat*.

L'arbre produit à 6 ans et est en plein rapport à 8. Un hectare de terre peut nourrir 950 cacaoyers

(1) Ce chiffre, en 1879, n'est plus que de 292.794 kil.
(2) En 1790, 8.174 hectares étaient plantés en café.

donnant de 500 à 800 kilog. de cacao. *Il y a deux récoltes par an : en avril et en mai, en octobre et en novembre.*

La culture du cacao fut introduite aux Antilles par le juif *Dacosta*, en 1664. Elle n'a pas eu jusqu'en 1857 une très grande importance. Avant cette époque, l'exportation n'avait pas dépassé 38.108 kilog. (1819) et était descendue à plusieurs reprises à quelques milliers de kilog. En 1856, elle était de 14.535 kilog. et en 1857 elle atteignait le chiffre de 52.685 kilog. au-dessous duquel elle ne devait plus descendre. De 1857 à 1875, l'exportation n'a cessé d'augmenter et a progressivement atteint et dépassé le chiffre de 100.000 kilog. En dernier lieu, en 1878, sous l'influence de prix rémunérateurs et grâce à la clémence des éléments, l'exportation a atteint le chiffre de 233.812 kilog., la production celui de 272.925 kilog. d'une valeur brute de 245.632 fr. 50 coûtant en frais d'exploitation 45.800 fr., rapportant net 199.832 fr. 50.

784 travailleurs cultivent le cacao sur 91 habitations représentant une superficie de 458 hectares.

La préparation du cacao a besoin de devenir plus industrielle et sa culture doit s'étendre. Cette culture doit fixer l'attention des colons ; les encouragements, sous forme de prime, ne doivent point lui être ménagés. Cantonnées à la Guadeloupe proprement dite, les *cacaoyères* peuvent peupler les Grands-Fonds et devenir pour ces fourrés une source de richesse. La Guadeloupe a encore beaucoup à faire pour égaler les cacaos si appréciés du *Venezuela* et de la *Trinidad.*

Roucouyer. — Le *roucouyer* est un arbrisseau originaire de l'Amérique méridionale. Son fruit est une petite baie remplie de graines recouvertes d'une pellicule *rouge orangé*. C'est cette pellicule séparée de la graine au moyen de lavages successifs qui donne le *roucou* ou *rocou*, matière tinctoriale (1). Le roucouyer croît principalement dans les terres hautes. *La plantation a lieu dans les mois de mars, avril et mai; la récolte se fait deux fois par an, à la fin de juin et à la fin de décembre.* La culture du roucou date de 1847; elle a été interrompue en 1848 et 1849, a repris en 1850, et du chiffre de 31.504 kil. atteint cette année, est montée, en 1871, au chiffre exceptionnel de 675.938 kil., doublant presque dans une année la production de l'année précédente qui avait été la plus élevée des années antérieures.

Les progrès, tous les jours plus accentués des produits chimiques, ont fait baisser sur les marchés le prix du roucou. L'exportation, encore très élevée en 1872 et 1873, a baissé depuis cette époque de près de moitié, et se tient aujourd'hui entre 300 et 400.000 kilog.

La statistique officielle donne, pour 1878, 521.890 kil., d'une valeur brute de 260.695 fr. coûtant 115.500 fr., rapportant net 145.195 fr. Le chiffre d'exportation a été, pour cette année, de 390.490 kil.; 1.044 travailleurs cultivent le roucou sur 31 habitations, représentant 385 hectares. Sur un grand nombre d'habitations, on fait alterner, en prévision de

---

(1) Antidote contre l'empoisonnement et fébrifuge.

la dépréciation du roucou, les plants de café ou de cacao et ceux du rocou.

VANILLE. — La *vanille* est le fruit en forme de *gousse noire* du vanillier, une des rares orchidées utiles. La suavité de son odeur la fait rechercher pour le chocolat, la confiserie, les liqueurs, etc., qu'elle aromatise finement.

La culture de la vanille date seulement de 17 ans à la Guadeloupe. En 1864, l'exportation est de 871 kilogrammes; dès 1865, ce chiffre est quadruplé. Les années 1866-67-68-69 donnent des chiffres très minimes; à partir de 1870, la production se relève et, après des fluctuations considérables, l'exportation est de 4.917 kil. pour l'année 1878 (1).

La production totale cette même année est de 12.887 kil. d'une valeur brute de 185.805 fr., *sans frais spéciaux ni terrain particulier, la vanille se cultivant dans les caféières.* — La vanille, qui réussit si bien à Bourbon et trouve sur le marché des prix rémunérateurs, réussirait également à la Guadeloupe, si l'on rejetait le vanillon pour cultiver uniquement la vanille du Mexique (2). La grande et la petite propriété y trouveraient largement leur compte, et tout nous porte à croire que la vanille, loin de se localiser à la Guadeloupe, pourrait réussir à la Grande-Terre et dans les dépendances.

COTONNIER. — Le *cotonnier* est un arbuste de

(1) En 1879, elle n'est plus que de 2.656 kilogrammes.
(2) Vanille de Bourbon, 50 à 60 fr. le kil., vanillon de la Guadeloupe, 10 fr.

hauteur variable suivant l'espèce, dont le fruit appelé *Coque* ou *Gousse*, sorte de capsule arrondie, renferme des graines noires qu'enveloppe un flocon de duvet, qui est le *coton*. La *récolte du coton a lieu du mois de mars à juin ; le rendement de l'hectare est de* 250 *kil.* environ. L'industrie cotonnière fut naguère très prospère aux Antilles, où le coton longue soie [Sea-Island] (1) est indigène, ainsi que plusieurs autres variétés de qualité inférieure.

Les filatures de l'Alsace et de la Flandre furent alimentées, au 18e siècle, par le coton de la Guadeloupe, et la culture de ce produit avait alors une si grande importance, qu'en 1789, 8.878 hectares étaient plantés en coton.

Cette culture a, depuis cette époque, considérablement diminué, et n'a repris un peu d'importance que pendant la guerre de la Secession. Dès lors, elle n'a cessé de décroître. En 1878, la production est de 22.170 kil. d'une valeur brute de 26.604 fr., coûtant 14.160 fr. de frais, rapportant net 12.444 fr. — Le chiffre de l'exportation, pour cette année, est 1.887 kil. (2).

925 travailleurs sur 524 habitations ont cultivé le coton sur une étendue de 472 hectares.

Les communes du Baillif et des Vieux-Habitants à la Guadeloupe, les dépendances de Marie-Galante, des Saintes, de Saint-Martin et surtout la Désirade sont très favorables à ce végétal, qui y trouve une

(1) On sait que ce fut à la Guadeloupe que des émigrants de Bahama prirent la semence de cette espèce, qu'ils portèrent dans la Caroline du Sud.
(2) Pour 1879, l'exportation est de 2.030 kil.

terre légère et profonde et une humidité saline convenable.

Nous ne citerons que pour mémoire le *poivre*, la *girofle*, la *cannelle*, la *muscade*, la *casse*, le *nopal* et la *fécule de dictame*. Ces produits ne sont point l'objet d'un commerce d'exportation.

TABAC. — Le *tabac*, le *petun* des Caraïbes, est aujourd'hui complètement déchu de son ancienne importance, et sa culture ne suffit même pas à la consommation locale, qui importe du tabac de France et des Etats-Unis. 18 hectares plantés de tabac ont rapporté, en 1878, 6.200 fr., déduction faite des frais. Cette culture, reprise intelligemment avec des plants de la *Havane*, deviendrait, croyons-nous, d'un rapport lucratif.

CAMPÊCHE. — Le bois *de campêche*, que l'on expédie en *bûches* et dont la matière colorante s'obtient en faisant bouillir le bois préalablement pulvérisé, croît en abondance dans les forêts de la Guadeloupe. On s'en sert pour les teintures noire et violette. Ce produit n'a commencé à faire l'objet d'un commerce d'exportation qu'en 1852, où il figure sur les statistiques par les chiffres de 2.500 kil. En 1876, après des fluctuations très diverses, l'exportation a dépassé 4.000.000 de kil. En 1878, elle n'a été que de 612.410 kil. La même année, la production totale a été de 856.949 kil. d'une valeur brute de 51.516 fr., ayant coûté 10.808 fr. de frais d'exploitation et produit 41.218 fr. net. Comme on le voit, il y a quelque chose à en tirer, mais pour cela il faut sillonner les forêts de chemins.

CULTURES VIVRIÈRES. — Les *cultures vivrières*, désignées aussi sous le nom de *vivres du pays*, sont le *manioc*, les *pois*, le *maïs*, les *ignames*, les *patates*, les *couscous*, les *malangas*, les *madères*, les *bananes*. On les cultive sur 5.782 habitations ; 24.620 bras y sont employés sur une superficie de plus de 10.500 hectares. Parmi ces vivres, le manioc tient le premier rang et pourrait devenir l'objet d'une culture industrielle. C'est, en effet, le manioc qui est la base du *tapioca*, exporté seulement par le Brésil et la Guyane.

En 1878, 4.344 hectares étaient plantés en manioc ; ils produisaient 8.634.526 kil. de farine d'une valeur brute de 2.158.631 fr., coûtant 1.303.200 fr. de frais d'exploitation, produisant net 855.431 fr.

L'hectare rend en moyenne 3.120 litres et 120 litres de *moussache*, servant d'amidon dans la colonie.

La *maranta arundinacea*, dont la fécule, connue sous le nom d'*arrow-root*, réussit fort bien dans les Antilles voisines, pourrait également faire l'objet d'une culture industrielle.

Les *ananas* de la Guadeloupe s'exportent à des conditions avantageuses. Cette culture peut être aisément développée. Nous regrettons que les statistiques officielles n'enregistrent point le nombre des quantités exportées.

D'autres cultures, telles que la *ramie* (ortie de Chine), plante textile, pourraient être entreprises.

Le *quinquina*, qui réussit parfaitement à la Jamaïque, pourrait aussi être introduit. Dans cet ordre d'idées, l'initiative doit venir surtout des colons. Il appartient aux Chambres d'agriculture de les aider dans leurs recherches et de les guider dans leurs expériences. Plus que partout ailleurs, ces Chambres ont une sérieuse importance ; elles rendent déjà de très grands services, et pourraient en rendre davantage si elles disposaient, au moyen de subventions, de quelques fonds élargissant leur sphère d'action.

Fourrage. — Il n'y a à la Guadeloupe qu'un seul fourrage, l'*herbe de Guinée*, consommée sur place par les petits chevaux créoles.

Avant de terminer ce chapitre, nous devons dire quelques mots de deux établissements de crédit, la Banque de la Guadeloupe et le Crédit foncier, qui rendent à l'agriculture d'éminents services.

Banque coloniale. — La Banque a été instituée par la loi du 11 juillet 1851, au capital de 3.000.000 de francs, au moyen d'un prélèvement d'un huitième sur l'indemnité allouée aux colons, à la suite de l'émancipation. La Banque a le privilège d'*émission* dans la colonie, et peut émettre des billets ayant cours légal jusqu'à concurrence du *triple* de son capital réalisé. Ses opérations sont d'abord celles de la Banque de France : prêts sur *dépôts de matières d'or et d'argent, négociations des mandats, escompte des effets de place, change*, etc., et, en outre, dans les limites de ses statuts (limites maxima, le tiers de la récolte), *avances sur Cessions de récolte et sur nantissements*.

La moyenne des prêts consentis à l'agriculture a été de 8.588.182 fr. pour les années 1875-1876-1877, de 7.485.548 fr. pour les années 1878-1879-1880. Le montant des *effets de place* escomptés (2 signatures) varie, pour les mêmes années, de 8 à 10 millions. Le chiffre des *transactions* pour l'exercice 1879-1880 est de 16.884.078 fr. 01 c., le dividende de 78 fr. par action de 500 fr. (1). Les actions sont recherchées, actuellement, à 1.100 fr.

CRÉDIT FONCIER. — Les opérations de la Banque ont pour but, ainsi qu'il ressort de l'exposé précédent, de fournir aux habitants *les fonds de roulement* nécessaires à leurs exploitations agricoles, par *des prêts à brève échéance ;* celles du Crédit foncier permettent à ces mêmes habitants, par des *prêts à longue échéance, d'améliorer* leurs propriétés ou *de créer* de nouvelles usines.

Le Crédit foncier colonial, autorisé par décret impérial du 31 août 1863, a remplacé le Crédit colonial, institué par le décret impérial du 24 octobre 1860. — Le siège de la société est à Paris ; le fonds social est de 12 millions de francs, divisés en 24.000 actions de 500 fr. chacune. Le Crédit foncier colonial *prête,* à des conditions déterminées, à des propriétaires ou à des réunions de propriétaires, les sommes

(1) Pendant le même exercice, la Banque de la Martinique a eu pour chiffre de transaction 23. 6. 585.25 fr. 60 c. et 94 fr. 15 c. pour dividende d'action; la Banque de la Réunion 89.867.419 fr. 19 c. et 110 fr. par dividende d'action.

8*

nécessaires pour la construction des sucreries ou le renouvellement de l'outillage. Il prête : à *long termes*, sur hypothèque, aux propriétaires d'immeubles, et opère les actes qui découlent de ces prêts ; avec ou sans hypothèque, aux communes autorisées à contracter un emprunt ; Enfin, il *émet des obligations* pour une valeur égale au montant de ses prêts. Au 31 décembre 1876, le Crédit foncier de la Guadeloupe avait déjà prêté 14.574.148 fr.

§ III. — **Industrie.** — Jusqu'en 1843, la Guadeloupe ne possédait que des habitations-sucreries fonctionnant à l'aide de moulins à vent ou à eau suivant qu'elles pouvaient utiliser un cours d'eau ou en étaient privées, et accomplissant à la fois le travail agricole et le travail industriel.

Un grand nombre de sucreries furent détruites par le tremblement de terre de cette année, et l'on songea dès lors à adopter des *moulins à vapeur* pour les nouvelles sucreries. Cette mesure produisit une véritable révolution dans la fabrication du sucre. Les procédés de fabrication furent simplifiés, la main-d'œuvre diminuée, la qualité améliorée, les plantations purent se morceler au gré de la grande et de la petite culture sans rien perdre de leur valeur, et le rendement, débarrassé de ses anciens frais de manipulation, fut porté dès les premières années de 5 0/0 à 8 et à 10 0/0 (1). L'*ancien rendement de 5 0/0 est le prix que paient aujourd'hui les usines au petit propriétaire qui y porte ses cannes.*

(1) La canne contient de 18 à 20 0/0 de son poids de matière saccharine, la betterave de 9 à 10 0/0.

L'honneur de cette transformation, dans laquelle la Guadeloupe marcha à la tête de toutes les colonies, revient à une société anonyme patronnée par le Gouvernement, *la Compagnie des Antilles*.

Les premières usines centrales de la colonie, dues à l'initiative de cette C^{io}, furent celles de Marly et de Zévallos dans la commune du Moule, de Bellevue dans celle du Port-Louis, de la Grande-Anse à Marie-Galante.

Ebranlée par les événements de 1848, la C^{io} des Antilles fut dissoute à cette époque, puis reconstituée sur une autre base en 1853. La nouvelle société, dite *Société des usines centrales de la Guadeloupe*, aida puissamment l'industrie, en affermant aux planteurs les usines qu'elle avait acquises.

L'éminent ministre de Chasseloup-Laubat contribua aussi à l'établissement de nouvelles usines, en autorisant la création de la *Société du crédit colonial* (1). Cette société qui fonctionna trois ans, (octobre 1860 à août 1863), et se fusionna ensuite avec la Société du crédit foncier colonial, dont nous avons précédemment exposé les opérations, fit de larges avances aux propriétaires et permit de transformer une partie de l'outillage industriel de la Guadeloupe, et de construire de nouvelles usines.

Depuis, grâce au crédit plus largement organisé, grâce aux efforts constants des constructeurs, et en particulier de la maison Cail, pour perfectionner les appareils industriels, grâce aux procédés divers

---

(1) En 3 ans, cette Société avança 6.334.000 fr., aux trois colonies à sucre.

employés pour arriver à un rendement supérieur (1), l'industrie sucrière est arrivée à fournir des poudres cristallisées d'une blancheur incomparable, qui ont fait l'admiration de tous les visiteurs de l'Exposition universelle de 1878. Ces poudres peuvent être consommées sans subir les opérations de la raffinerie, et bien des gens les préfèrent.

Le jour où la prime à la raffinerie cessera, — et il n'est pas hors de propos de rappeler ici que de 1672 à 1684 les Antilles eurent leurs raffineries, — le jour où les colons recouvreront le droit de raffiner qu'ils ont possédé, l'industrie coloniale atteindra son apogée, si elle est protégée par une sage législation sucrière la mettant dans des conditions aussi avantageuses que celles de l'industrie métropolitaine.

Voici comment, en 1878, se décomposait, d'après les statistiques officielles, l'état des 564 habitations rurales : — « Sur les 564 habitations-sucreries, 62 possèdent des moulins à vapeur ; 67 des moulins à eau ; 68 des moulins à vent ; 8 des moulins à bêtes ; 347 habitations sans usine sont exploitées par 12 usines centrales sans plantations, et en outre par les habitations voisines convenablement outillées. »

Nous intéresserons, assurément, nos lecteurs en leur donnant, d'après deux ouvrages spéciaux, les modes de fabrication actuellement en usage. En comparant la rapidité des procédés modernes aux

(1) Procédé de la double carbonisation ; système de double pression et macération de la canne à sucre qui a valu à son auteur, M. Duchassaing de Fontbressin, une prime de 100.000 fr. ; diffusion, etc.

procédés du P. Labat encore en usage sur quelques habitations, ils pourront se rendre compte des immenses progrès de l'industrie dans nos colonies à sucre.

M. de la Valette, membre de la Société des Agriculteurs de France, résumant le très intéressant mémoire de M. Jules Ballet, chef de service de l'enregistrement et des domaines, membre adjoint de la Chambre d'Agriculture de la Basse-Terre, qui ne consacre pas moins de 1888 pages in-4° à l'histoire de la Guadeloupe, au double point de vue de l'agriculture et du commerce, dans le manuscrit qu'il a adressé à cette société, expose dans les termes suivants le fonctionnement d'une sucrerie employant l'équipage Labat.

« La sucrerie tient au bâtiment du moulin ; elle est généralement construite en maçonnerie. Ce bâtiment est élevé, bien percé, afin que la fumée et les exhalaisons, se dégageant des chaudières, puissent facilement s'échapper. La grandeur est proportionnée à la quantité de sucre que l'on peut fabriquer en deux ou trois semaines.

« La sucrerie à cinq chaudières a de 85 à 86 pieds de largeur dans l'œuvre, sur 50 pieds de longueur. Un emplacement de 9 à 10 pieds est ménagé pour le passage d'une porte à l'autre et pour placer les canots dans lesquels on fait reposer le sucre avant de le mettre en barrique et planter les formes qui sont remplies du sucre sortant de la batterie.

« Chaque chaudière est de dimension différente et diminue de diamètre, de profondeur à mesure que les chaudières s'approchent de celle donnant au sucre la dernière cuisson. L'ensemble de ces chaudières s'appelle l'*équipage*.

« Les écumes sont placées dans des seaux de 8 pouces de haut, sur 14 à 15 de diamètre, placés à côté de chaque chaudière, puis ces écumes sont transportées à la vinaigrerie.

« Dans le temps du P. Labat, les chaudières étaient en cuivre rouge, pesaient 800 livres, et avaient l'épaisseur d'un écu sur le bord et de plus du double dans le fond. Quelques années plus tard, on s'est servi de chaudières en fer, dont l'usage est devenu général.

« Le jus des cannes est conduit du moulin, par un canal, jusqu'à un bac qui le recueille, puis il passe dans les chaudières ; il est d'abord écumé et purifié au moyen d'un mélange de cendre et de chaux. Pour la fabrication du sucre blanc, on verse ce jus sur une toile placée au-dessus de la seconde chaudière appelée propre, parce qu'elle ne reçoit que des jus déchargés des plus grosses ordures, de ses écumes noires et épaisses.

« La troisième chaudière, où le jus se convertit en vesou, est la lessive, parce qu'on y jette la composition appelée lessive, qui purge le vesou, amasse les immondices et les fait monter à la surface, où elles sont enlevées avec une écumoire.

« La quatrième chaudière est le flambeau, ainsi nommée parce que le vesou qui y est versé s'y purifie davantage, diminue en quantité, devient plus pur, plus clair et cuit à un feu plus vif, qui le couvre de bouillons clairs et transparents.

« La cinquième chaudière est le sirop. Le vesou y

prend de la consistance, du corps, achève de se purifier et se convertit en sirop.

« La sixième chaudière est la batterie. C'est là que le sirop prend son entière cuisson et perd toutes les impuretés qu'il peut encore contenir, au moyen d'une nouvelle lessive qu'on y jette ; cette lessive est composée d'eau de chaux et d'alun. En approchant de la cuisson, le sirop jette de gros bouillons et s'élève si haut, qu'il sortirait de la chaudière ; pour l'empêcher de se répandre et lui donner de l'air, on l'élève en haut avec une écumoire. Comme ce mouvement ressemble à des coups qu'on lui donnerait, on a appelé cette chaudière batterie.

« Dans les sucreries à sept chaudières, il existe un grand et un petit flambeau ; dans celles à cinq, la lessive n'existe pas ; dans celles à quatre, la propre sert en même temps de lessive et de flambeau.

« Cet équipage du P. Labat subsiste encore aujourd'hui. Il est resté tel qu'on en usait autrefois ; seulement, sur certaines habitations, on a essayé des améliorations faites aux fourneaux ; mais les habitants ont, pour le plus grand nombre, conservé intact l'antique procédé. »

D'un autre côté, M. Gaffarel, professeur à la Faculté des lettres de Dijon, dans un livre très étudié « *Les Colonies françaises* » met ainsi en relief les procédés des usines :

« La canne coupée au pied, débarrassée de ses feuilles, est portée au moulin, où, pressée entre de gros cylindres de fonte, elle donne un jus aqueux et sucré, le vesou. La partie ligneuse ou bagasse est mise de côté, séchée, et sert à alimenter les chaudières. Le vesou tombe dans de vastes bassins de cuivre, ou défécateurs. On le purifie, on l'écume, on le décante, et il prend alors le nom de sirop. Ce sirop descend dans des chaudières étagées, les batteries, où il se concentre au degré voulu, et passe enfin, pour être cristallisé, dans d'énormes chaudières en cuivre rouge, où l'on produit le vide. Dans une dernière opération, le turbinage, on décolore et on dessèche les cristaux par des toupies métalliques mues à la vapeur. Rien de curieux comme l'aspect d'une sucrerie, au moment du grand travail de la roulaison. Chauffeurs qui jettent la bagasse sous les chaudières, écumeurs, décanteurs : c'est une mêlée étourdissante. Le bruit des cylindres, la ronde des turbines, les sifflements de la vapeur, le hennissement des chevaux et les chants des ouvriers qui reviennent de la plantation, tout se mêle et se confond. Pendant ce temps, les immenses cheminées de l'usine vomissent des torrents de fumée, et le directeur, le sucrier, comme on le nomme, escompte en espérance les produits de sa récolte. »

Ces procédés perfectionnés sont employés avec le plus grand succès dans toutes les usines de l'île. Parmi ces usines, il en est deux qui se distinguent à la fois par l'ampleur de leurs proportions et la beauté de leurs sucres. — Nous voulons parler de l'usine d'Arbousier dirigée par M. E. Souques, à la Pointe-à-Pitre, et de l'usine de la Basse-Terre, qui a à sa tête M. E. Le Dentu.

Les puissantes machines de l'usine d'Arbousier peuvent livrer annuellement 10.000 tonnes de sucre ; l'usine de la Basse-Terre excelle surtout par la beauté de ses sucres.

En prenant comme types ces deux usines d'une importance exceptionnelle, nous avons choisi des établissements situés dans les deux parties de l'île. Mais nous ne serions point complet si nous omettions de citer : à la *Grande-Terre*, les usines Meugniot et Duchassaing, Dormoy, Dubos, Vassort, Duchassaing de Fontbressin, de Chazelles, de Rancougne, de la Société anonyme du Port-Louis, Saint-Alary ; à la *Guadeloupe*, l'usine Pasquier.

Les usines Le Dentu et de la Société du Port-Louis ont obtenu à l'Exposition universelle de 1878 une médaille d'*or ;* les usines d'Arbousier et Saint-Alary ont reçu une médaille d'*argent ;* l'usine Pasquier a eu une médaille de *bronze.*

Les usines fabriquent, en général, de 2.000 à 3.000 barriques ou boucauts de sucre de 500 kilos.

A l'industrie du sucre se rattache celle de la *Guildiverie,* nom donné à la distillerie où l'on convertit les vesous et mélasses *en rhum* (1). Cette industrie a suivi les progrès de l'industrie sucrière ; et les hautes récompenses accordées en 1878 aux rhums de la Guadeloupe exposés, montrent le degré de prospérité qu'elle peut atteindre.

Les rhums les plus appréciés sont ceux : de MM. Lacaze-Pouncou (médaille d'or, en 1878) ; Roussel-

_____

(1) Le *rhum* est la liqueur tirée du jus de la canne ou vesou ; le *tafia* est la liqueur tirée du vesou qui n'a pu cristalliser et qu'on nomme mélasse. Le tafia coloré et de qualité supérieure prend également le nom de rhum.

Bonneterre, Cherpuy (médailles d'argent); E. Le Dentu (médaille de bronze).

Les cafés ont eu aussi leurs récompenses : médaille d'or à M. Beleurgey; médaille d'argent à M. le Dentu; médaille d'argent à M. Ch. Le Dentu, médaille de bronze à M. Longueteau (1).

Citons ensuite l'industrie des conserves de fruits(2), et mentionnons tout particulièrement celle d'*ananas*, qui peut devenir pour la petite culture une source de produit appréciable, celle des *sirops* et *liqueurs* (3).

Ces sirops et liqueurs peuvent rivaliser avec les produits similaires si appréciés de la veuve Amphoux et n'ont qu'un défaut, c'est d'être trop peu connus en France.

Notons encore, comme se rattachant à l'industrie, les *salines* de Saint-Martin, dont nous avons fait précédemment apprécier l'importance, et quelques *tanneries, poteries* et *chaufourneries*, d'une importance secondaire.

Enfin, on doit regretter, comme nous l'avons déjà

(1) Nous nous restreignons, dans l'énumération des récompenses, aux industries coloniales les plus importantes. Nous engageons toutefois le lecteur à consulter pour les industries secondaires l'Annuaire de la Guadeloupe (1880), nous contentant de lui signaler encore les bois et les roucous de M. Rollin, la vanille de M. Longueteau, les cacaos de MM. Latapie et Saint-Germain Massieux, le coton de M. Lacascade, les confitures de Toutoute et Rous, etc., etc. produits également médaillés.

(2) Confitures de *goyave*, d'*ananas*, de *shadek*, de *petits citrons confits*, de *barbadine*, etc.

(3) Crème de *noyau*, de *vanille*, d'*acacia*, de *magnolia*, de *Monbin*, *coquette créole*, Schrub ou Curaçao des îles, sirop de *capillaire*, de *barbadine*, de *corrosol*, de *gingembre*, d'*orange*, vin d'*orange*, vin d'*ananas*, etc.

fait remarquer, que les produits de la pêche, si abondants sur les côtes de la Guadeloupe, ne soient point l'objet d'une industrie locale.

§ IV. — **Commerce.** — Le régime commercial des colonies a donné lieu à bien des discussions, dans le détail desquelles nous n'avons point l'intention d'entrer.

Mais il importe, pour que le lecteur puisse se former une opinion sur la législation économique actuelle, d'esquisser, à grands traits, les divers régimes qui ont régi la matière.

Ces régimes sont au nombre de trois : — le régime du pacte colonial ; le régime organisé par la loi du 3 juillet 1861 ; celui du sénatus-consulte du 4 juillet 1866.

Le pacte colonial inspiré par l'esprit *protectionniste* a duré près de deux siècles et a eu pour pères Richelieu et Colbert. Dans ses principes généraux, il assurait à la France le monopole du marché colonial pour ses produits, et, par réciprocité, réservait au marché français les produits coloniaux non *manufacturés*, avec transport *exclusif* par la marine nationale. — Ce système, qui donna pour l'époque de son application d'excellents résultats, fut fortement ébranlé lors de l'occupation de nos colonies par l'étranger. Il reçut aussi quelques correctifs sous la *Restauration :* ainsi, les bâtiments étrangers purent importer aux colonies des marchandises étrangères et y charger les produits coloniaux, à l'*exclusion* du sucre qui conservait le monopole du marché, grâce aux surtaxes dont on frappait les sucres étrangers.

Ces mesures élevèrent le prix du sucre et amenèrent les producteurs de betteraves à faire une concurrence acharnée au sucre colonial.

Enfin, à la concurrence du dedans vint s'ajouter celle du dehors. Les sucres étrangers furent admis sous notre pavillon (loi du 23 mai 1860) avec une surtaxe bientôt supprimée (décret du 16 janvier 1861). Désormais l'équilibre établi par le pacte était rompu au détriment des colonies. En effet, les colonies avaient à redouter sur le marché de la métropole la concurrence du sucre de betterave et des sucres étrangers, et, sans avoir un produit assuré de leur placement principal, restaient soumises à l'obligation d'employer exclusivement au transport de leurs denrées des navires français. Elles avaient en outre, comparativement à l'industrie betteravière : un outillage plus coûteux à entretenir ou à renouveler, un travail industriel plus onéreux, des intérêts plus chers à servir, une culture réclamant 18 mois de soins au lieu de 6, etc., etc. Aussi la valeur des importations dépassait-elle celle des exportations.

M. de Chasseloup-Laubat, le grand réformateur colonial, appliqua le seul remède qui convint à la situation, remède réclamé énergiquement par les conseils généraux : *la liberté commerciale*. Les mesures prises par le ministre et acceptées par le commerce national soumettaient simplement les marchandises étrangères au tarif général des douanes à leur entrée dans les colonies, et protégeaient *la Marine nationale* par des surtaxes de *pavillons sur les bâtiments étrangers*.

Cette dernière mesure élevait le prix des marchandises sur le marché colonial, sans assurer en retour aux colonies le placement de leur sucre à l'étranger. Les réclamations qui en résultèrent aboutirent à la rédaction du fameux article 2, ainsi conçu : « Le conseil général vote les tarif *d'octroi de mer* sur les objets de *toute provenance*, ainsi que les tarifs de douane sur les produits *étrangers* naturels ou fabriqués, importés dans la colonie. — Les tarifs de douane votés par le conseil général sont rendus exécutoires par décrets de l'empereur, le Conseil d'Etat entendu. »

L'économie de l'article précité résulte de la différence qui est faite entre les *tarifs d'octroi* de mer pour lesquels le conseil général statue *définitivement* sauf demande d'annulation dans le délai d'un mois par le gouverneur (1), et les *tarifs de douane* qui ne peuvent devenir exécutoires que par décrets rendus en forme de règlement d'administration publique.

Les colonies profitèrent de la liberté que leur accordait l'article 2 de voter leurs droits de douane pour les supprimer. — Le conseil général de la Guadeloupe, par une délibération de l'année 1868 ratifiée deux fois (25 avril 1868 et 2 août 1870) par le conseil d'Etat, supprima ces droits dans la colonie, ouvrit les ports de l'île en franchise au commerce étranger et rétablit, en l'appropriant aux nécessités du moment, une taxe locale *soit spécifique, soit à la valeur* dite « octroi de mer », existant déjà aux Antilles

_____

(1) Annulation possible seulement pour excès de pouvoir, violation d'un sénatus-consulte, d'une loi ou d'un règlement d'administration publique.

depuis 1819 (1). Cette taxe, qui remplace les centimes additionels et l'impôt foncier de France, est perçue sur les objets de *toute provenance* au profit des municipalités. La perception est faite par l'administration des douanes, moyennant une retenue d'un 1/10 pour les frais ; son produit est réparti entre les communes, au prorata de leur population (2).

L'autonomie coloniale ainsi constituée a été payée par les colonies. La détaxe de 5 fr. accordée au sucre a été supprimée, les dépenses de souveraineté sont désormais les seules que paie la métropole (3) ; cette dernière suppression, depuis qu'elle a été votée, a réalisé au profit de l'Etat, pour la Guadeloupe, une économie d'une vingtaine de millions.

Le conseil général élève ou abaisse les tarifs suivants les nécessités du budget , de façon qu'un droit modéré atteigne chaque article. Le gouverneur établit en outre, par des arrêtés rendus à la suite de délibération du conseil général, des *droits de navigation et de port*, des *taxes accessoires de navigation et des droits d'entrepôt* (4).

La Guadeloupe possède des entrepôts de douane

(1) Seules, les denrées *similaires* de celles du cru de la colonie acquittent à l'entrée les droits de douane suivant le tarif général de la métropole.

(2) La moyenne générale de cette perception a été, en 1876, de 4 fr. 59 0/0.

(3) Dépenses relatives au traitement du gouverneur, au personnel de la justice et des cultes, au service du trésorier payeur, au service militaire.

(4) A l'entrée dans la colonie, les marchandises acquittent, en réalité, trois droits : 1° un droit de consommation portant sur un petit nombre d'articles de grand débit (*cartes à jouer, tabac*), droit perçu au profit de la caisse coloniale ; 2° le droit *d'octroi*

qui reçoivent les marchandises suivant des règles déterminées. — (Entrepôts de la Pointe-à-Pitre, de la Grande-Terre, du Moule, du Grand-Bourg de Marie-Galante.

La marine et le commerce n'ont rien eu à souffrir de la situation qui a rendu les colonies maîtresses de leur commerce. Les statistiques en font foi. Toutefois, certaines doléances se sont produites ; « la Ligue normande (industrie des tissus) » a poussé les hauts cris. On ne peut cependant pas, parce que les tisseurs en Normandie écoulent 600.000 fr. de moins par an de *rossignols, bons pour les colonies*, condamner ces dernières à perpétuité « *aux œils de bourriques* », comme l'a dit spirituellement M. de Mahy, député de la Réunion, et la métropole doit se déshabituer, ainsi que l'a fait observer M. Amé, directeur supérieur des douanes, au conseil supérieur de commerce (séance du 12 juin 1875), de considérer *ses colonies lointaines comme des fiefs* à exploiter le plus *fructueusement possible*.

CHAMBRES DE COMMERCE. — La Pointe-à-Pitre et la Guadeloupe possèdent chacune une *Chambre de commerce*, composée de membres titulaires, adjoints et correspondants. Cette institution date de 1882 et a remplacé celle des syndics des communes remontant à 1777. Elle a pour but de placer près du gouvernemnut une réunion d'hommes pratiques et spéciaux qui lui donnent les renseignements

de mer acquitté pour le compte des communes par la majorité des importations ; 3° une *taxe* pour l'amélioration des quais, ports, débarcadères, perçue au profit des municipalités.

propres à l'éclairer sur tout ce qui concerne l'industrie et le commerce.

Nous avons énuméré à leur place, en traitant de l'agriculture coloniale, les produits coloniaux qui donnent lieu aux importations de la colonie en France, dans les colonies et pêcheries françaises, et à l'étranger.

Les objets importés dans la colonie sont principalement les *animaux vivants* (chevaux, bœufs, porcs), la *farine*, le *riz* (nourriture des Indiens), les *avoines*, les *boissons fermentées et distillées*, les *huiles*, les *conserves*, l'*épicerie*, le *tabac*, les *armes*, les *bois à construire*, les *engrais*, les *outils* ou ouvrages en divers métaux, la *houille*, les *tissus*, les *toiles*, les *vêtements confectionnés*, la *pharmacie*, la *parfumerie*, les *ouvrages en peau ou en cuir*, la *bijouterie*, la *mercerie*, etc.

Le commerce avec la France a lieu principalement par le Hâvre, Nantes, Saint-Nazaire, Bordeaux et Marseille.

En 1878, 70 navires jaugeant 17.797 tonneaux montés par 704 hommes d'équipage ont transporté à la Guadeloupe pour 18.979.010 fr. de marchandises, dont 11.808.627 françaises, 2.170.888 étrangères, extraites des entrepôts. Les navires entrés en France, venant de la Guadeloupe, étaient la même année, au nombre de 102 jaugeant 27.119 tonneaux ; 1.011 hommes d'équipage les montaient ; ils ont transporté pour 20.597.717 fr. de marchandises. Le total du commerce *entre la France et la Guadeloupe* s'est donc élevé, défalcation faite des marchandises étrangères extraites des entrepôts, et sans tenir compte des exportations et importations en numéraire, à 82.406.344 fr.

Le commerce de la Guadeloupe avec les colonies ou pêcheries françaises, la Martinique, Terre-Neuve (morue), la Guyane française et Saint-Barthélemy, s'est élevé à 1.887.872 fr. Il a été fait par 119 navires, dont 16 étrangers, jaugeant 9.897 tonneaux, montés par 1.022 hommes d'équipage.

Entre ces mêmes colonies et la Guadeloupe, le commerce effectué par 96 navires français d'un tonnage de 4.218 tonneaux, montés par 795 hommes d'équipage, s'est élevé à 489.971 fr. ainsi répartis : 290.985 fr. de marchandises du cru de la colonie ; le reste de marchandises exportées, 176.485 fr. de marchandises françaises, 22.938 fr. de marchandises étrangères. L'*addition des deux mouvements commerciaux précédents donne le chiffre de 1.877.843 francs pour le commerce de la Guadeloupe avec les colonies ou pêcheries françaises.*

Le commerce avec l'*étranger* a lieu principalement avec les Etats-Unis, l'Angleterre, l'Inde et les Antilles anglaises, l'Espagne et sa colonie de Porto-Rico, Saint-Thomas (Danemark), les colonies hollandaises de Saint-Martin, de Saint-Eustache, de Curaçao, le Vénézuela, l'Uruguay et le Pérou. En 1878, 55 navires français jaugeant 6.605 tonneaux montés par 542 hommes ont transporté à la Guadeloupe pour 944,375 fr. de marchandises étrangères ; 340 navires étrangers ont transporté pour 9.105.618 fr. de marchandises étrangères. A ce chiffre des importations de l'étranger, il convient d'ajouter le total de 2.170.388 de marchandises

, étrangères sorties des entrepôts de France par des navires français. *Le total des importations de l'étranger est donc de* 12.220.871 fr. (1).

De la Guadeloupe, la même année, 64 navires français jaugeant 11.828 tonneaux, montés par 685 hommes d'équipage, ont chargé pour 2.415.767 fr.; 828 navires étrangers ont exporté pour 11.787.669 fr. Le *total de l'exportation de l'île à l'étranger a donc été de* 14.153.436 *parmi lesquels les denrées et marchandises de la colonie figurent pour* 13.934.309, le reste provenant dans des proportions sensiblement égales de l'importation française ou étrangère.

Le *chiffre du commerce avec l'étranger, donné par le total des importations et des exportations, est donc de* 26.873.807 *fr.*

Relatons en passant que le commerce de la Guadeloupe avec les États-Unis et l'Angleterre se chiffre, dans la présente année, par plus de dix millions pour chacune des deux puissances, et que celui de la colonie avec l'Inde et les possessions anglaises est d'environ 2.800.000 fr. Porto-Rico, le Pérou et l'Uruguay, qui viennent ensuite dans l'ordre d'importance de leurs transactions commerciales avec la Guadeloupe, sont loin des chiffres précités.

Le *total général du commerce pour l'année* 1878, *donné par la réunion des trois totaux précédents, est de* 60.657.994 fr. (2). Il avait été de 61.842.457 fr. en 1877.

(1) Ces chiffres montrent suffisamment le bien fondé des réclamations de notre marine marchande, auxquelles d'ailleurs on vient de faire droit.

(2) Tous ces chiffres sont empruntés aux tableaux de population, de culture, et de navigation publiés par le Ministère de la marine.

Ces chiffres ne prouvent-ils pas surabondamment que la Guadeloupe rapporte bien plus à la France qu'elle ne lui coûte ? Qu'est-ce, en effet, que le chiffre des dépenses de souveraineté, comparé à celui que la douane verse dans les caisses de l'Etat (1) ?

§ V. — **Voies de communication.** — La Guadeloupe, en 1878, avait 834 kilomètres de routes ferrées, coloniales, carrossables, et 559 kilomètres de chemins de grande et de petite vicinalité. Ces chiffres sont actuellement dépassés.

A la Grande-Terre, pays plat, les communications sont faciles et certaines usines (Cail, Clugny, Beauport,) ont pu créer de petites lignes de chemins de fer desservant les habitations adhérentes.

A la Guadeloupe, pays très montagneux, il n'y a point de chemins de fer et les communications ordinaires se bornent à une route coloniale qui fait le tour de l'île et sur laquelle s'embranchent des tronçons des chemins vicinaux, s'enfonçant dans l'intérieur des terres à des profondeurs d'autant plus minimes que le chemin est plus voisin du massif montagneux de l'île. Un seul sentier traverse la Guadeloupe dans sa largeur, faisant communiquer, par les bois, le Lamentin et la Pointe-Noire.

Au temps de Victor Hugues, un chemin stratégique reliait la Grande-Terre à la Pointe-à-Pitre, en passant par le Matouba et le Petit-Bourg. Ce chemin, dû aux nécessités militaires de l'époque, a été plu-

(1) Le produit des douanes est, pour la Guadeloupe, triple ou quadruple de la dépense occasionnée par les frais de souveraineté.

sieurs fois recherché, et l'on a songé à différentes reprises à le rétablir. On y a renoncé, tant il y aurait d'efforts de toute nature à déployer. Nous le regrettons ; car si les avantages d'un pareil tracé semblent incertains au premier abord, il n'est cependant point douteux qu'un chemin à travers ce massif montagneux de la Guadeloupe, permettrait d'explorer complètement les vallées si pleines d'une exubérante végétation des hautes montagnes de l'île.

Chaque année, l'entretien des routes se chiffre au budget par plusieurs centaines de mille francs. C'est beaucoup pour le budget colonial, mais on ne saurait trop faire dans cet ordre d'idées.

Le service des correspondances échangées à l'intérieur de la colonie est fait soit par mer, soit par terre à l'aide de diligences ou de courriers. — Les voyageurs se rendent de la Basse-Terre à la Pointe, aux communes du littoral et vice versa, par diligence ou par bateau à vapeur (un service par jour, — soit à l'aller, soit au retour, — de l'une ou l'autre espèce). Les dépendances sont également desservies par des bateaux à vapeur ou des goëlettes.

La ligne de la Basse-Terre à Saint-Barthélemy et à Saint-Martin est, à cause de l'éloignement, la plus mal partagée (2 services par mois pour Saint-Martin et Saint-Barthélemy, un service par semaine pour Marie-Galante, 2 services par semaine pour les Saintes). Seule, de toutes les dépendances, la Désirade n'a pas de ligne spéciale (1).

La Guadeloupe est reliée à l'Europe par les paquebots français et les paquebots anglais.

(1) Voir l'Annuaire de la Guadeloupe.

Les paquebots anglais venant d'Europe suivent à l'aller et au retour deux voies, celles de la Barbade et celle de Saint-Thomas. A l'aller, venant d'Europe, ils arrivent à la Basse-Terre du 1ᵉʳ au 3 (via Barbade) et du 17 au 18 (via Saint-Thomas) de chaque mois. Au retour, allant en Europe, ils passent à la Basse-Terre du 12 au 14 de chaque mois (via Saint-Thomas) et le 27 du mois (via Barbade). — Ces paquebots prennent comme les paquebots français des correspondances et du fret.

Les paquebots français de la Compagnie générale transatlantique desservent :

1° La ligne de *Saint-Nazaire à Colon-Aspinwall,* avec départ le 6, de Saint-Nazaire, arrivée le 19 à la Pointe-à-Pitre, le 20 à la Basse-Terre et retour le 10 du mois *suivant* à la Basse-Terre et à la Pointe-à-Pitre, le 24 du même mois à Saint-Nazaire ;

2° La ligne de *Saint-Nazaire à la Vera-Cruz* (correspondance par Saint-Thomas) avec départ de Saint-Nazaire le 21, arrivée le 7 du mois *suivant* à la Basse-Terre et à la Pointe-à-Pitre, et retour le 28 du même mois de la Pointe et de la Basse-Terre par Saint-Thomas, avec arrivée le 11 du mois *suivant* à Saint-Nazaire.

3° La ligne du *Hâvre et de Bordeaux à Colon Aspinwall,* avec départ le 21 du Hâvre, le 25 de Bordeaux, arrivée le 11 du mois suivant à la Pointe-à-Pitre et à la Basse-Terre, et retour le 30 du même mois à la Basse-Terre et à la Pointe-à-Pitre, avec arrivée le 16 du mois *suivant* à Bordeaux et le 20 au Hâvre.

Un service de correspondance relie en outre la Guadeloupe à *Cayenne*, par Fort-de-France.

De Saint-Nazaire à la Pointe-à-Pitre la distance est de 3.530 milles. Le prix des passages varie pour la 1re classe de 750 à 965 fr.; il est de 400 fr. pour les passages d'entrepont.

La *West India and Panama* relie télégraphiquement la Guadeloupe à l'Europe, par les colonies des Antilles, et l'Amérique du Nord, moyennant une subvention de 50.000 fr. par an. Le mot de chaque dépêche pour la France coûte 14 fr. 15. — Elle met, en moyenne, 15 heures pour parvenir, presque autant que pour aller en Chine !

§ VI. — Finances, monnaie, budget, dette. — Ainsi que nous l'avons déjà fait remarquer, dans les colonies à législature, le sénatus-consulte de 1866 met à la charge de l'Etat les dépenses de souveraineté, c'est-à-dire les dépenses afférentes au traitement du Gouverneur, au personnel de la justice et des cultes, aux services du trésorier payeur et des services militaires (1) et laisse à celle des colonies toutes les autres dépenses. Cette dernière condition a été le prix dont les colonies ont payé leur liberté commerciale ; cela ressort de l'exposé des motifs du sénatus-consulte, où le rapporteur la met complètement en lumière dans les lignes suivantes : « Les colonies, appelées à une sorte d'autonomie, sont, comme tous les pays qui vivent de leur vie propre,

(1) Les dépenses ont été comprises, en 1879, dans le budget de la métropole pour la somme de 2,164,147 francs : 1,976,997 francs pour le personnel ; 187,150 fr. pour le matériel.

obligées de satisfaire aux dépenses qu'elle peut en
traîner. Toutes les recettes leur sont abandonnées ;
la fixation des tarifs de douane peut augmenter leurs
ressources, c'est à elles de payer et de supporter les
charges qui forment la *compensation* de tous ces
avantages...... »

Aux termes du sénatus-consulte de 1866 — le
budget local (1), c'est-à-dire l'exposé annuel des
recettes et dépenses du pays, est *préparé* par le directeur de l'intérieur, *délibéré* par le conseil général,
arrêté par le Gouverneur.

Les *dépenses* des colonies sont obligatoires ou
facultatives.

Le sénatus-consulte de 1866 énumère ainsi qu'il
suit les *dépenses obligatoires,* qui forment la 1ᵉ *section
du budget* : Les dettes exigibles (2); le minimum des
frais de personnel et de matériel de la direction de
l'intérieur, fixé par decrét du chef de l'Etat; les
frais de matériel de la justice et des cultes; le loyer,
l'ameublement et l'entretien du mobilier de l'hôtel
du Gouverneur; les frais de personnel et de matériel du secrétariat du gouvernement, des ateliers
de discipline et des prisons; la part afférente à la
colonie dans les frais de personnel et de matériel de
l'instruction publique et de la police générale, et dans
les dépenses des enfants assistés et des aliénés ; le
casernement de la gendarmerie, le rapatriement des

(1) Le budget local se divise lui-même en budget ordinaire et
en budget extraordinaire ; ce dernier comprend les contributions
extraordinaires, les prélèvements sur les fonds de réserve, les
emprunts de la colonie et leur amortissement, etc. (Décret du
26 septembre 1855).

(2) 283,000 fr. l'exercice 1880.

immigrants à l'expiration de leur engagement ; les frais d'impression des budgets et des comptes des recettes et des dépenses du service local et des tables décennales de l'état civil ; les contingents qui peuvent être mis à la charge de la colonie. La première section comprend, en outre, un fonds de dépenses diverses imprévues, dont le ministre détermine chaque année le minimum et qui reste à la disposition du Gouverneur.

La 2° *section* du budget des dépenses, *dépenses facultatives*, comprend : toutes les dépenses du personnel *non énuméré ci-dessus* et non soldé par l'Etat, les dépenses du matériel *d'intérêt purement colonial* (hospices, douanes, ponts et chaussées, etc.), les dépenses des travaux et approvisionnements, enfin les dépenses diverses (encouragements à l'industrie, aux cultures, pensions, etc.).

La 3° *section* comprend les *dépenses d'ordre* : restitutions ou versements divers faits à certaines caisses (chambres d'agriculture et de commerce, caisse d'immigration) de sommes perçues à leur profit.

Le budget des recettes comprend les taxes et contributions de toute nature perçues dans la colonie, c'est-à-dire les droits de douane à *l'entrée* ; les droits de douane à *la sortie*, représentatifs de l'impôt foncier ; l'octroi de mer ; les droits d'entrepôt ; les droits sur les terres cultivées en produits non soumis au droit de sortie ; les droits sur les maisons ; la contribution personnelle et mobilière ; les patentes ; les droits d'enregistrement, de timbre et d'hypothèque ; les taxes de navigation ; les droits sur la fabrication et la vente des spiritueux ; les produits de la poste aux lettres ; les revenus sur les propriétés domaniales. — Cette énumération n'est pas limitative.

Voyons maintenant ce que deviennent les fonds du budget et les différents moyens de contrôle qui en assurent l'emploi légal. Le *Gouverneur* dispose de moyens spéciaux pour pourvoir aux dépenses obligatoires, si le chiffre voté est trop faible, ou pour rétablir la dépense, si elle a été omise ; il ne peut modifier les dépenses facultatives, sans l'assentiment du ministre de la marine.

Le *directeur de l'Intérieur*, sous la surveillance du Gouverneur, *dispose* des crédits alloués, *liquide* et *mandate* les dépenses , en se conformant aux règles sur la matière. Les excédants de recettes forment un *fonds de réserve* qui sert à parer aux éventualités imprévues; il ne peut dépasser 1.500.000 francs.

Le *trésorier payeur* et ses agents sont chargés des opérations de détail.

A des époques fixées, les *comptes* de l'exercice du budget sont présentés au *Conseil général*, qui fait ses observations et les adresse au gouverneur ; ce dernier statue en conseil privé.

Enfin, la *Cour des comptes* pour les opérations du trésorier et comme juge au second degré, pour les autres comptables le *conseil privé* comme juge au 1er degré, statuent sur les comptes de recettes et dépenses (1).

_____

(1) La cour des comptes a, en outre, le droit de présenter ses observations et ses projets de réforme sur l'ensemble du service financier.

Monnaie. — La monnaie aux colonies fut successivement la livre de petun ou tabac, la livre de sucre, une monnaie spéciale remplacée ensuite par les piastres, les demi-piastres et les réaux *espagnols* sans poids légal, puis une monnaie n'ayant cours que dans la colonie. Cette variation des monnaies créa souvent de grands embarras.

Actuellement, la monnaie du pays est la monnaie nationale ; mais la rareté du numéraire a fait créer par la Banque de la Guadeloupe des billets de banque de 100, de 50, de 25 et 5 francs.

§ VII **Armée**. — Les forces militaires de la Guadeloupe comprennent :

1° Cinq compagnie d'*Infanterie de marine* à l'effectif de cent hommes, formant portion secondaire sous les ordres d'un lieutenant-colonel. Ces compagnies sont fournies par le 2ᵐᵉ régiment et relevées tous les trois ans ; elles tiennent garnison à la Basse-Terre pendant la *saison sèche*, au Camp-Jacob pendant l'*hivernage* et toutes les fois qu'une épidémie menace la colonie. Une compagnie est détachée à la Pointe-à-Pitre et un détachement de 20 hommes, sous les ordres d'un officier, fournit la garnison du Grand-Bourg de Marie-Galante. Ces deux fractions sont relevées périodiquement.

2° Une demi-batterie *d'artillerie* de marine stationnée à la Basse-Terre et au Camp-Jacob ; elle est sous les ordres d'un capitaine.

3° Un personnel *du génie* sous les ordres d'un capitaine ; ce personnel est réparti à la Basse-Terre, à la Pointe-à-Pitre, au Camp-Jacob et aux Saintes.

4° Une compagnie de *gendarmerie* coloniale forte de 5 officiers et de 169 sous-officiers, brigadiers et gendarmes, dont 19 à pied. Le *département de la Guerre* prête à celui de la *Marine* l'effectif nécessaire en cadres et en hommes. La compagnie est répartie en 3 arrondissements, — Basse-Terre, Marie-Galante et Pointe-à-Pitre, — commandés chacun par un officier qui a sous ses ordres les brigades de l'arrondissement.

5° Une compagnie de *discipline de la marine* dont le cadre est fourni par l'*Infanterie de marine*; elle occupe le fort *Napoléon* aux Saintes et est commandée par un capitaine (1).

Il est formé pour l'administration de la justice militaire deux conseils de guerre à la Pointe et à la Basse-Terre et un conseil de révision dans cette dernière ville.

MILICES. — Les anciennes milices de la Guadeloupe rétablies en 1817, après la reprise de possession de l'île par la France, et réorganisées en 1851, transformées à plusieurs reprises et se réduisant, en définitive, aux compagnies de sapeurs-pompiers et à des cadres sans effectif, doivent être signalées à l'attention du lecteur, car elles sont la première expression vivante du service militaire aux colonies. Le service des milices durait en général de 18 à 50 ans, et en 1861 on estimait qu'elles pouvaient, en cas de besoin, mettre sur pied 5.700 h., dont 4.500 à pied et 1,200 à cheval.

(1) Cette compagnie reçoit ces hommes dont les fautes, sans entraîner une répression judiciaire, ont un caractère de gravité et de persévérance dangereux pour la discipline.

Un projet de loi adopté par la Chambre est actuellement déposé au Sénat sur le service militaire aux colonies.

L'économie de ce projet peut se résumer en ceci : service obligatoire de 3 ans dans la colonie pour tous les créoles.

L'adoption de ce projet, dont le résultat pour la Guadeloupe se traduira par un contingent d'environ 1.200 hommes, nous semble des plus heureux. L'impôt du sang gravera dans les cœurs de nos jeunes créoles, plus profondément encore, l'image de la France ; la camaraderie de la chambrée rapprochera utilement les diverses classes de la population ; enfin, le service de nos soldats sera d'autant allégé par le concours de leurs camarades des colonies. D'ailleurs, *l'obligation de servir son pays est la conséquence directe des droits de citoyen, dont tous jouissent également.*

Cette mesure permettra d'avoir à la Pointe-à-Pitre et dans les dépendances des garnisons suffisantes, dignes d'une grande nation.

Nous aurions toutefois préféré que l'instruction militaire du contingent colonial se fît en France. Il y aurait eu assurément un surcroît de dépenses, mais il eût été largement compensé par les résultats obtenus. L'armée est la grande école de la nation : c'est en France surtout que ses leçons sont profitables. Le caporal et le sous-officier seront plus fiers de galons obtenus dans la mère-Patrie que gagnés sur place, et tous mettront un légitime orgueil, en cas de guerre sur le continent, à verser leur sang à côté de leurs frères d'Europe.

§ VIII.—**Marine**.— La station navale des Antilles est composée d'un croiseur à batterie portant le pavillon amiral (480 chevaux, 20 canons), d'un croiseur à barbette (450 chevaux, 7 canons) et d'un aviso de station à hélice (175 chevaux, 4 canons).

Un aviso de flotille, à roues, (120 chevaux, 3 canons) est en outre, dans chaque colonie, mis à la disposition du Gouverneur.

L'inscription maritime a été établie à la Guadeloupe par le *décret* du 8 mai 1848, modifié postérieurement; elle fonctionne de la même manière qu'en France et relève du commissariat de la marine. Le chiffre des inscrits est d'environ 5.000, dont un certain nombre au service de l'Etat.

Au point de vue de l'inscription maritime, la Guadeloupe est divisée en deux quartiers, celui de la Basse-Terre comprenant le sous-quartier des Saintes et divers syndicats (entre autres Saint-Martin et Saint-Barthélemy), celui de la Pointe-à-Pitre comprenant les sous-quartiers du Moule et de Marie-Galante et un certain nombre de syndicats. La population maritime aime le métier de la mer et fournit de bons marins; aussi pensons-nous que l'on devrait donner au cabotage, et surtout à la pêche, les encouragements que méritent ces industries.

§ IX. —**Instruction publique**. —Jusqu'en 1768, les jeunes créoles durent aller en France recevoir l'enseignement secondaire; l'enseignement primaire leur était donné dans la colonie. En 1768, le R. P. François, de l'Ordre des Capucins, créa à la Martinique un collège appelé *Ecole Saint-Victor*, qui fonctionna jusqu'à la Révolution et où les colonies voisines purent envoyer leurs enfants. En 1822, la Congrégation des dames de Saint-Joseph de Clugny installa à la Basse-Terre un pensionnat pour les jeunes filles. — Cette maison d'éducation, très éprouvée dans ses commencements, devint par la suite (1835) l'établissement de *Versailles* et reçut, à partir de 1848, les enfants de toutes les classes de la société. A la même époque, cet établissement ouvrit des maisons secondaires à la Pointe-à-Pitre et à Marie-Galante.

En 1838, l'abbé Angelin créa près de la Basse-Terre une école *secondaire* pour les garçons.

En 1852, Mgr Lacarrière, premier évêque de la Guadeloupe, ouvrit à la Basse-Terre un *collège diocésain* donnant aux garçons l'instruction *secondaire*. Depuis cette époque, les Frères de Ploërmel ont été chargés de donner l'enseignement *secondaire* à la Pointe-à-Pitre et au Moule dans leurs externats (1).

L'*instruction primaire* des garçons fut confiée, à partir de 1838, aux Frères de Ploërmel (2). Les dames de Saint-Joseph de Clugny donnent aux filles cette instruction. En dehors des instituteurs *congréganistes*, il existe dans la colonie quelques instituteurs LAÏQUES.

---

(1) Un établissement de même nature établi à Marie-Galante n'a pu continuer, faute d'élèves.

(2) Le gouvernement de Juillet avait précédemment ouvert une école d'enseignement mutuel pour les *enfants libres*; elle fut supprimée à cette époque.

En 1889 et en 1840, des Ordonnances ouvrirent les écoles primaires aux enfants des deux sexes. L'instruction y était donnée *gratuitement* aux enfants *esclaves*, moyennant *rétribution* aux enfants *libres*.

Le Gouvernement provisoire de 1848 proclama la *gratuité* et l'*obligation* pour tous de l'instruction primaire. De 1854 (arrêté du 2 mars) à 1856 (arrêté du 25 mars), l'enseignement fut *obligatoire* et *payant*. A partir de cette dernière date, il cessa d'être obligatoire et l'admission *gratuite* aux écoles *primaires* fut ouverte dans de larges proportions.

A l'avènement de la République, le Conseil général a de nouveau admis le principe de la *gratuité complète*.

Dans sa dernière session (décembre 1880), le Parlement colonial, s'inspirant des idées qui ont cours dans la métropole, a étudié les moyens de transformer le fonctionnement du système actuel. L'instruction primaire déjà *gratuite* deviendrait *obligatoire*, et la création d'une école normale d'instituteurs permettrait de la rendre bientôt laïque ; l'instruction secondaire serait également laïque, et donnée dans un lycée (1). L'instruction publique à la Guadeloupe est sous la surveillance d'un inspecteur et d'une commission dont les membres sont nommés par le gouverneur. Comme on le voit, aux colonies, l'instruction publique dépend du ministère de la marine. La sollicitude de ce département pour développer largement l'instruction aux colo-

(1) La Réunion, depuis fort longtemps, et la Martinique depuis cette année ont un lycée.

nies, est digne des plus grands éloges. Cependant, quelques écrivains réclament la création pour les Antilles, au ministère de l'instruction publique, d'un bureau spécial aux colonies. Ce ministère est, disent-ils, mieux outillé que celui de la marine pour répandre l'instruction, et, avec une sollicitude égale il peut mieux faire.

Le décret du 26 octobre 1871 a institué dans la colonie un jury d'examen qui délivre aux aspirants aux baccalauréats ès sciences et ès lettres un *brevet de capacité,* échangé ensuite contre un *diplôme.*

Diverses commissions examinent les candidats aux bourses coloniales ou nationales (lycées, écoles vétérinaires, écoles d'arts et métiers).

Sur le budget des dépenses de 1880, qui s'élève à 4.937.489 fr., l'instruction publique figure pour le chiffre de 379.420 fr. Ce chiffre sera forcément dépassé par l'organisation nouvelle de l'enseignement.

Ainsi qu'on a pu le remarquer, l'enseignement supérieur n'existe pas à la Guadeloupe. L'enseignement *secondaire spécial* est donnée par les professeurs de l'enseignement secondaire classique. Nous pensons qu'il y aurait grand profit, dans des colonies agricoles comme la Martinique et la Guadeloupe, à créer une école, dans l'une ou l'autre de ces îles, sur le modèle de l'école Turgot, et à lui donner comme complément une école d'agriculture analogue à celle de *Grignon.*

Ce qu'il faut faire avant tout à la Guadeloupe, ce sont des *agriculteurs,* des *industriels* et des *négociants.*

§ X. — **Justice**. — *L'ordonnance du* 24 *septembre* 1828, modifiée par les ordonnances du 10 octobre 1829 et du 11 avril 1830 et le *décret du* 16 *août* 1854 règle à la Guadeloupe l'organisation et l'administration de la justice.

Les divers codes de la métropole ont été promulgués à la Guadeloupe avec ou sans modifications aux dates suivantes : Code civil avec modifications, *arrêté du* 7 *brumaire an XIV* (29 octobre 1805) ; code procédure civile avec modifications, *ordonnance du* 29 *octobre* 1828 ; code de commerce, sans modifications, 26 *mai* 1851 ; code d'instruction criminelle avec modifications, 12 *octobre* 1828 ; code pénal avec modifications, *ordonnance du* 29 *octobre* 1828. — Les modifications apportées en France à la législation civile ou criminelle ont été également introduites à la Guadeloupe.

Au point de vue judiciaire, *l'assimilation* tend à devenir complète : l'introduction du *jury* (1881) remplaçant le système batard de l'*assessorat* (1) en est l'éclatant témoignage.

La justice est rendue à la Guadeloupe par des tribunaux de paix et de police, par des tribunaux de première instance, par une cour d'appel et des cours d'assises.

Les justices de paix, au nombre de 11, com-

---

(1) Les assesseurs, partie intégrante de la cour d'assises, prononçaient en commun avec les membres de la cour d'assises sur :
La position des questions ;
Toutes les questions posées ;
L'application de la peine ;
Le jury ne prononce que sur la culpabilité et l'admission des circonstances atténuantes.

prennent un juge de paix, un suppléant et un greffier.

Le tribunal de première instance de la Basse-Terre se compose d'un président, d'un juge d'instruction, d'un juge, d'un procureur de la République et d'un substitut, d'un greffier et d'un commis-greffier.

Le tribunal de première instance de la Pointe-à-Pitre se compose d'un président, d'un juge d'instruction, de deux juges et de deux suppléants pris parmi les avocats-avoués, d'un procureur de la République et d'un substitut, d'un greffier et d'un commis-greffier.

Le tribunal de Marie-Galante se compose d'un juge président, d'un lieutenant du juge, d'un procureur de la République, d'un greffier et d'un commis-greffier.

Le tribunal de Saint-Barthélemy se compose d'un juge et de son suppléant, d'un commissaire du gouvernement et d'un greffier.

Le tribunal de Saint-Martin a la même composition que celui de Saint-Barthélemy.

Ajoutons en passant que les juges de Saint-Martin et de Saint-Barthélemy exercent sur les autres fonctionnaires de ces îles une action prépondérante et qu'ils sont auprès de l'administration les interprètes de ces dépendances.

La cour d'appel comprend un président, 7 conseillers, et un conseiller auditeur, un parquet composé du procureur général et de ses deux substituts, un greffe avec greffier en chef et commis-greffier ; le secrétariat du procureur général comprend un chef du secrétariat et de secrétaires rédacteurs.

Officiers ministériels. On compte à la Guadeloupe 4 avocats, 13 avoués, 12 notaires et 17 huissiers.

Statistique. Nous donnons ci-après un petit tableau indiquant le nombre d'affaires de la cour et des divers tribunaux pour les cinq années 1874, 1875, 1876, 1877, 1878 (1).

	1874	1875	1876	1877	1878
JUSTICES DE PAIX					
Affaires terminées..........	859	888	836	723	756
TRIBUNAUX DE PREMIÈRE INSTANCE					
Affaires civiles.............	410	404	439	415	336
Affaires commerciales.......	267	161	113	86	109
Faillites...................	24	31	26	18	13
Séparation de corps au profit du mari..............	2				1
Séparation de corps au profit de la femme...........	2	2	1		2
COUR D'APPEL					
Affaires civiles.............	14	14	21	21	28
Affaires commerciales......	6	8	6	6	2
JUSTICE CRIMINELLE					
Plaintes et dénonciations...	2.096	2.154	2.077	1.930	2.167

(1) Nous devons la communication de ce tableau à l'obligeance de M. Goldscheider, chef du 3e bureau de la direction des colonies (*justice et régime pénitentiaire*).

	1874	1875	1876	1877	1878
Chambre d'Accusation					
Affaires..................	55	61	64	71	78
Tribunaux de simple police					
Affaires...................	3.214	3.438	4.672	3.529	3.744
Comprenant inculpés	4.706	4.720	5.052	4.620	4.851
Tribunaux de police correctionnelle					
Affaires..................	944	930	901	890	917
Comprenant : prévenus.....	1.169	1.181	1.155	1.132	1.175
COUR D'ASSISES					
Accusations de crimes......	56	52	59	55	73
Contre les personnes........	27	25	24	22	23
Contre les propriétés	29	27	35	33	50
Comprenant : accusés	136	92	71	72	101
— acquittés.....	52	33	19	20	21
— condamnés...	84	59	52	52	80
— condamn. avec circonstances atténuantes..	65	42	42	41	59
POPULATION					
Nombre d'individus justiciables des tribunaux :					
Agés de moins de 16 ans...	53.214	53.232	52.487	52.840	57.271
Hommes...................	55.721	57.486	55.203	56.353	56.827
Femmes...................	49.427	50.722	51.894	52.908	55.211

En consultant ces chiffres, on ne devra pas oublier que l'*immigration* est un facteur important de la *criminalité*.

INDEX BIBLIOGRAPHIQUE

Almanach de la Guadeloupe, la collection de 1772 à 1788.
(Bibliothèque du ministère de la marine).

Annuaire de la Guadeloupe, la collection à partir de 1853.

BALLET. — Divers *articles Revue maritime et coloniale;
consulter les huit dernières années.*

BIONNE. — *La Guadeloupe (Explorateur,* 1877).

BLOCH (Maurice). — *Dictionnaire de l'administration
française : article Colonies (E. Hervé),* 1877.

BOYER-PEYRELEAU. — *Les Antilles françaises, particulièrement la Guadeloupe, depuis sa découverte jusqu'au 1er Janvier 1823. —* 1823.

CAPITAINE. — *Guadeloupe et dépendances (divers articles,
Explorateur,* 1877).

CASPARI. — *Une mission à la Guadeloupe. Notes de
Géographie physique (Revue maritime et coloniale,*
1871).

CASSAGNAC (GRANIER DE). — *Voyage aux Antilles,* 1847.

CHAZELLES (comte de). — *Etude sur le système colonial.*

*Conseil colonial de la Guadeloupe : Abolition de
l'esclavage,* 1848.

DELARBRE. — *Colonies françaises, leur organisation,
leur administration et leurs principaux actes organiques,* 1877.

DELARBRE. — *La liberté du commerce aux colonies*, 1879.

DREVETON. — *Choses coloniales, — Guadeloupe*, 1846.

✝ *Exposition universelle de 1878. — Catalogue des produits des colonies françaises*, 1878.

✝ DESSALES. — *Histoire générale des Antilles*, 1847.

DUTERTRE (Père). — *Histoire générale des îles de Saint-Christophe, la Guadeloupe, la Martinique et autres dans l'Amérique, jusqu'à l'année 1665.*

✝ DUVAL (Jules). — *Les colonies françaises et la politique coloniale de la France*, 1864.

✝ GAFFAREL. — *Les Colonies françaises*, 1880.

✝ *Enquête sur le régime commercial des colonies françaises*, 1875.

✝ GODIN. — *Cession de Saint Barthélemy à la France (Revue géographique internationale*, 1878).

✝ HALLIDAY (A.) — *The west Indies*, 1837.

✝ KERHALLET (Ph. de). — *Manuel de la navigation dans la mer des Antilles*, 1862.

✝ LABAT (Père). — *Nouveau voyage aux îles d'Amérique*, 1724, 2 volumes in 4°; cette édition est fort estimée et très rare, on ne doit pas la confondre avec l'édition de 1742, la seule que l'on trouve à la Bibliothèque nationale; 8 vol. in-12.

LACOUR. — *Histoire de la Guadeloupe*, 1858.

✝ LANCASTEL (Betting de). — *Questions coloniales*, 1836.

✝ LE DENTU (E.) — *Prise de possession de Saint-Barthélemy (Bulletin de la Société des Etudes coloniales et maritimes*, 1878).

✝ LE PELLETIER DE SAINT-REMY. — *Les colons français depuis l'abolition de l'esclavage* 1858.

LE PELLETIER DE SAINT-REMY. — *Révision des constitutions coloniales*, 1862.

LE PELLETIER DE SAINT-REMY. — *Le questionnaire de la question des sucres*, 1877.

LE PELLETIER DE SAINT-REMY. — *Retour au protectionisme colonial*, 1880.

LEROY-BEAULIEU (Paul). — *De la colonisation chez les peuples modernes*, 1874.

MARGRY. — *Belain d'Esnambuc et les Normands aux Antilles*, 1863.

MATHIAS. — *Relation de l'établissement d'une colonie française dans la Guadeloupe*, 1652.

MOREAU DE JONNÈS. — *Tableau du climat des Antilles*, 1817.

MOREAU DE JONNÈS. — *Histoire physique des Antilles françaises*, 1822.

MOREAU DE JONNÈS. — *Aventures de guerre*, 1858.

PARDON. — *La Guadeloupe depuis sa découverte jusqu'à nos jours (histoire) avec 2 cartes*, 1881.

Pétition des hommes de couleur en Guadeloupe, 1880.

† PLOIX. — *Pilote de la Guadeloupe*, 1875.

La Propriété, le travail, les travailleurs à la Guadeloupe, 1879.

RAMBOSSON. — *Les Colonies françaises, géographie, histoire, productions, administration et commerce*, 1868.

RAYNAL. — *Histoire philosophique des Indes jusqu'à l'année 1780*. — 1780. Genève.

REY (Dr H.) — *Etude sur la colonie de la Guadeloupe, topographie médicale, climatologie, démographie*, Paris 1878.

REGNAULT (Elias). — *Histoire des Antilles (Univers pittoresque, 1849).*

De la représentation des colonies par un ancien Gouverneur, 1861.

Géographie physique politique et économique de la Guadeloupe, revue maritime et coloniale (N⁰ˢ de septembre et octobre 1864).

ROY. — *Histoire des colonies françaises,* 1855.

ROY. — *Les colonies françaises en 1858.*

SAINTE-CLAIRE DEVILLE (Ch.) — *Voyage géologique aux Antilles,* 1847.

Tableaux de population, de culture, de commerce et de navigation formant la suite des tableaux insérés dans les notices statistiques sur les colonies françaises. La collection publiée par le ministère de la marine commence à l'année 1831 et se continue.

SCHRAMM ET MAZÉ. — *Algues de la Guadeloupe.*

VALETTE (A. DE LA). — *L'agriculture à la Guadeloupe, résumé des mémoires envoyés à la Société des agriculteurs de France pour le congrès international de l'agriculture de 1878. (Ce travail est le résumé d'un mémoire manuscrit de M. Jules Balut, chef du service de l'enregistrement et des domaines à la Guadeloupe, en deux volumes in-4⁰ de 1383 pages).*

VIVIEN DE SAINT-MARTIN. — *Nouveau Dictionnaire de Géographie universelle; les divers articles concernant la Guadeloupe et ses dépendances.* — *(Ce dictionnaire est en cours de publication).*

CARTES

1° *Carte de la Guadeloupe levée par les ingénieurs des camps et armées du roi de 1763 à 1768 à l'échelle de 6 lignes pour 100 toises* $\left(\frac{1}{14400}\right)$.

BOYER PEYRELEAU, (Colonel). — *Carte de l'île de la Guadeloupe dressée en 1822 sur les documents les plus authentiques.*

DEVÈZE. — *Carte de la Guadeloupe et dépendances, 1874.*

LEVASSEUR. — *Carte des colonies françaises, 1879.*

PLOIX et CASPARI, ingénieurs hydrographes. — *Carte de la Guadeloupe en plusieurs feuilles, commencée en 1867, publiée par le Dépôt de la Marine. — Ce remarquable travail sert de complément au Pilote de la Guadeloupe.*

VALON, Capitaine de frégate. — *Carte de la Guadeloupe et dépendances dressée par A. VALON, capitaine de frégate, d'après les documents les plus récents et particulièrement les travaux de M. Ch. Sainte-Claire Deville, membre de l'Institut, 1863.*

Ces renseignements bibliographiques n'auraient aucune valeur si nous n'indiquions au lecteur, en quelques mots, le parti qu'il peut en tirer.

Les ouvrages qui ont trait à *l'histoire* de la colonie laissent fort à désirer, et l'on peut avancer hardiment que l'histoire sincère de la Guadeloupe est encore à faire, non que les historiens aient manqué de bonne foi, mais parce que, mêlés généralement aux luttes de l'époque, ils n'ont pu envisager les événements passés sans se reporter aux événements présents.

Parmi ces narrateurs, il en est qui ont plutôt raconté leurs impressions de voyage que fait de l'histoire. La première place, parmi ceux-là, appartient aux *Pères Du Tertre et Labat.*— Leurs récits, fort originaux, sont la plupart du temps les seuls documents que l'on ait sur les premiers temps de la colonisation. On les consultera toujours avec fruit.

Les ouvrages et les articles sur la *Géographie physique* sont nombreux. Les articles ont surtout pour objet la vulgarisation de la connaissance géographique de l'île ; quelques-uns, comme celui de M. Caspari, ont une véritable valeur scientifique. Les livres, plus étendus, s'adressent naturellement à un moins grand nombre de lecteurs ; un certain nombre sont d'une importance exceptionnelle : tels sont ceux de MM. Moreau de Jonnès, Sainte-Claire Deville et Ploix. — D'autres, comme celui de M. le docteur Rey, sont des études spéciales bien précieuses à consulter. Nous avons mis largement à profit ces remarquables travaux.

La *partie politique* a donné lieu à un nombre considérable de brochures, reflétant les passions du temps ; on retrouvera, au besoin, les titres que nous avons omis au catalogue de la Bibliothèque Nationale.

Parmi les ouvrages relatifs à *l'organisation et à l'administration coloniale*, nous citerons en première ligne le livre de M. Delarbre, qui est un véritable cours de droit administratif colonial. Pour ce qui a trait *aux mœurs coloniales* antérieures à l'abolition de l'esclavage, on lira avec plaisir le très intéressant *Voyage aux Antilles* de Granier de Cassagnac.

Un grand nombre d'écrivains ont abordé, avec plus ou moins de sûreté, la question économique. — Jules Duval, Paul Leroy-Beaulieu tiennent le premier rang, et on ne peut se faire une idée sur cette question sans lire leurs œuvres ; ces deux auteurs sont des maîtres.— A côté d'eux, des écrivains de valeur occupent un rang distingué : ce sont MM. Lepelletier de Saint-Remy et le comte de Chazelles. — Leurs écrits à tous dénotent une compétence indiscutable ; et, si l'on peut ne point partager toutes leurs idées, on doit du moins tenir largement compte des opinions qu'ils émettent.

Le résumé du Mémoire de M. Ballet par M. de la Valette devra aussi être consulté. Il y a dans ce mémoire une abondance de renseignements qu'on trouverait difficilement ailleurs.

DICTIONNAIRE DES COMMUNES

ABYMES. — Canton et arrondissement de la Pointe-à-Pitre ; 7,070 hab. ; à 5 kil. de la Pointe-à-Pitre ; à 70 kil. de la Basse-Terre ; par mer, à 58 k. 708 dont, par terre 5 k. et par mer, 53 k. 708 du chef-lieu (par l'est) Pélerinage.

ANSE-BERTRAND. — Canton du Port-Louis. Arrondissement de la Pointe-à-Pitre ; 4,885 hab., à 33 kil. 153 de la Pointe-à-Pitre : à 98 kil. 153 de la Basse-Terre ; par mer, à 76 kil. 858 (par l'ouest) et à 77 kil. 784 (par l'est) du chef-lieu. — Ancien campement des Caraïbes. — Hauteurs remarquables. — Trou aux vaches.

BAIE-MAHAULT. — Canton du Lamentin, Arrondissement de la Pointe-à-Pitre ; 4,168 hab. ; à 8 kil. 943 de la Pointe-à-Pitre ; à 60 kil 943 de la Basse-Terre ; par mer, à 67 kil. 508 (par l'ouest) et à 66 kil. 672 (par l'est) du chef-lieu.

BAILLIF. — Canton et arrondissement de la Basse-Terre ; 1783 hab. ; à 4 kil. de la Basse-Terre ; à 70 kil. 902 de la Pointe-à-Pitre ; par mer, à 3 kil. 969 (par l'ouest). — Ruines de la tour des habitations du P. Labat.

BASSE-TERRE. — Chef-lieu de la Colonie, chef-lieu d'arrondissement et chef-lieu du 1er canton ; 8,790 hab. ; à 67 kil. de la Pointe-à-Pitre par terre, par mer à 53 kil. 708 (par l'est). Voir la notice spéciale (page 74).

BOUILLANTE. — Canton de la Pointe-Noire, arrondissement de la Basse-Terre ; 3,246 hab. ; à 21 kil. 187 de la Basse-Terre ; à 66 kil. 813 de la Pointe-à-Pitre ; par mer, à 6 kil 688 du chef-lieu. Bain

(1) Nous donnons ici les chiffres de la population immatriculée, c'est-à-dire la *population proprement dite*, immigrants et garnison non compris. Ces chiffres, empruntés à l'annuaire de la Guadeloupe (septembre 1880), sont ceux du 1er Janvier 1880. — Ils diffèrent donc un peu de ceux que nous avons donné au cours de notre travail et qui sont ceux du 1er Janvier 1879. —

du Curé dans l'anse du Pigeon; sources de la Rivière Bouillante (salines faibles); eaux de la Fontaine Bouillante à la lame, eau du Palétuvier, eau de l'habitation Bellevue (salines fortes),

CAPESTERRE. — (Guadeloupe) Chef-lieu du 2e canton, arrondissement de la Basse-Terre; 7,674 hab.; à 29 kil. de la Basse-Terre; à 38 kil de la Pointe-à-Pitre; par mer, à 29 kil. 632 du chef-lieu (par l'est). — Grand Etang. — Saut du Carbet. Usine du Moulin-à-Eau et très belles habitations-sucreries.

CAPESTERRE.—(Marie-Galante) Canton du Grand-Bourg, arrondissement de la Pointe-à-Pitre; 4,065 hab. par mer, à 57 kil. 412 de la Pointe-à-Pitre et à 69 kil. 450 (par l'est) du chef-lieu; à 12 kil du Grand-Bourg; Embarcadère pour les sucres de l'île. —

DESHAIES. — Canton de la Pointe-Noire, arrondissement de la Basse-Terre; 896 hab.; à 48 kil. de la Basse-Terre, à 40 kil. de la Pointe-à-Pitre : par mer, à 87 kil. 040 du chef-lieu; Mouillage pour les grands navires. —

DÉSIRADE. — Canton de Saint-François, arrondissement de la Pointe-à-Pitre; 1,607 hab.; par mer, à 57 kil. 412 de la Pointe-à-Pitre et à 92 kil. 600 (par l'est) de la Basse-Terre. — Léproserie. Voir la notice spéciale (page 46).

GOSIER. — Canton et arrondissement de la Pointe-à-Pitre; 4,827 hab.; à 7 kil. de la Pointe-à-Pitre; à 74 kil. de la Basse-Terre; par mer, à 48 kil. 152 (par l'est) du chef-lieu; les pilotes qui conduisent les navires dans la rade de la Pointe se tiennent sur l'îlet à Gosier; phare.

GOURBEYRE. — Canton et arrondissement de la Basse-Terre; 2,526 hab.; à 6 k. 775 de la Basse-Terre, à 60 kil. 225 de la Pointe-à-Pitre; Dolé (salines faibles); eaux sulfureuses de Saint-Charles; étang de Valkanar; hauteurs du Palmiste.

GOYAVE. — Canton de la Capesterre, arrondissement de la Basse-Terre; 1,120 hab.; à 43 kil. de la Basse-Terre; à 24 kil. de la Pointe-à-Pitre; par mer, à 39 kil. 818 du chef-lieu (par l'est).

GRAND-BOURG (Marie-Galante) — Chef-lieu du 10e canton, arrondissement de la Pointe-à-Pitre; 6,529 hab.; par mer, à 53 kil. 708 du chef-lieu (par l'est) et à 46 kil. 300 de la Pointe-à-Pitre. Usine de la Grande Anse.

LAMENTIN. — Chef-lieu du 6e

canton, arrondissement de la Pointe-à-Pitre ; 4,584 hab. ; à 62 kil. 933 de la Basse-Terre ; à 15 kil. de la Pointe-à-Pitre ; par mer, à 66 kil. 672, par l'ouest, et 69 kil. 450 par l'est du chef-lieu ; Ravine Chaude (salines fortes avec dépôts ferrugineux).

MORNE A L'EAU. (*Bordeaux-Bourg ou Grippon*). — Canton et arrondissement de la Pointe-à-Pitre ; 6,021 hab. ; à 79 kil. de la Basse-Terre ; à 14 kil. 153 de la Pointe-à-Pitre par mer (Bordeaux-Bourg), à 67 kil. 851 (par l'est) du chef-lieu, dont 14 kil. 153 par terre et 53 kil. 708 par mer. Usine Blanchet.

MOULE, chef-lieu du 8e canton, arrondissement de la Pointe-à-Pitre ; 8,671 hab. ; à 93 kil. de la Basse-Terre ; à 28 kil. de la Pointe-à-Pitre ; par mer, à 103 kil. 712 (par l'est) du chef-lieu. Usines Duchassaing, Zevallos et Ste-Marie. — Voir la notice spéciale (page 88).

PETIT-BOURG, canton du Lamentin, arrondissement de la Pointe-à-Pitre ; 8,658 hab. ; à 51 kil. de la Basse-Terre ; à 16 kil. de la Pointe-à-Pitre ; par mer, à 42 kil. 500 du chef-lieu (par l'est) ; changement d'air dans les hauteurs.

PETIT-CANAL, canton du Port-Louis, arrondissement de la Pointe-à-Pitre ; 5,989 hab. ; à 87 kil. 498 de la Basse-Terre ; à 22 kil. 493 de la Pointe-à-Pitre ; par mer, à 77 kil. 784 (par l'ouest) et à 62 kil. 968 (par l'ouest et la Rivière salée) du chef-lieu. Usine Clugny. Usine Ste-Elise.

POINTE-A-PITRE, chef-lieu d'arrondissement et chef-lieu du 5e canton ; 17,587 hab. ; à 67 kil. de la Basse-Terre par terre, et à 53 kil. 708 (par l'est) par mer. Usine d'Arbousier. Voir la notice spéciale (page 78).

POINTE-NOIRE, chef-lieu du 3e canton, arrondissement de la Basse-Terre ; 4,300 hab. ; à 36 kil. de la Basse-Terre, à 52 kil. de la Pointe-à-Pitre ; par mer, à 27 kil. 780 du chef-lieu (par l'est).

PORT-LOUIS, chef-lieu du 7e canton, arrondissement de la Pointe-à-Pitre ; 4,130 hab ; à 97 kil. 153 de la Basse-Terre, à 32 kil. 153 de la Pointe-à-Pitre ; par mer, à 72 kil. 228 (par l'ouest) et à 67 kil. 765 (par l'est) du chef-lieu. Usines Cail et de la Société sucrière.

SAINTE-ANNE, canton du Moule, arrondissement de la Pointe-à-Pitre ; à 87 kil. de la Basse-Terre ; à 20 kil. de la Pointe-à-

Pitre ; par mer, à 58 kil. 023 du chef-lieu (par l'est), Usines de Chazelles, Dubos et Cail. — Plage pour les baigneurs ; carrières de pierres de taille et d'architecture.

SAINT-BARTHÉLÉMY, onzième canton, arrondissement de la Basse-Terre ; 2,835 hab.; à 175 kil. par mer de la Basse-Terre. Mines de zinc et de plomb. — Voir la notice spéciale (page 48). (1)

SAINT-CLAUDE, canton et arrondissement de la Basse-Terre ; 3,825 hab.; à 6 kil. 120 de la Basse-Terre ; à 73 kil. 120 de la Pointe-à-Pitre. — Camp Jacob ; Cascade Vauchelet; Saut-du-Constantin. — Eaux sulfureuses des hauteurs du Matouba. — Eaux du Morne Goyavier et Bains Jaunes (salines fortes avec dépôts ferrugineux); Bains chauds Beauvalloix (salines fortes); Soufrière. — Usine de la Basse-Terre.

SAINT-FRANÇOIS, chef-lieu du 9° canton, arrondissement de la Pointe-à-Pitre; 4,649 hab. ; à 102 kil. 200 de la Basse-Terre; à 35 kil. 200 de la Pointe-à-Pitre; par mer, à 68 kil. 061 du chef-lieu (par l'est); à 30 kil. 558 de la Pointe-à-Pitre; à 31 kil. 484 de la Désirade. Usine Sainte-Marthe. — Pointe des Châteaux.

SAINT-LOUIS (Marie-Galante), canton du Grand-Bourg, arrondissement de la Pointe-à-Pitre ; 4,423 hab.; par mer, à 53 kil. 708 (par l'est) de la Basse-Terre, et à 43 kil. 522 de la Pointe-à-Pitre ; à 9 kil. 260 de Grand-Bourg (Marie-Galante).

SAINT-MARTIN, chef-lieu du 4° canton, arrondissement de la Basse-Terre; 3,485 hab. ; par mer, à 285 kil. 208 de la Basse-Terre (par l'est) ; à 340 kil. 768 de la Pointe-à-Pitre. — Salines. — Voir la notice spéciale (page 51).

SAINTE-ROSE, canton du Lamentin, arrondissement de la Basse Terre, 4,918 hab.; à 60 kil. de la Basse-Terre, à 28 kil. de la Pointe-à-Pitre ; par mer, à 53 kil. 708 (par l'ouest) et à 76 kil. 858 (par l'est) du chef-lieu. Source de Sophaïa (eaux sulfureuses); usine Bonne-Mère. — C'est sur le territoire de cette commune que débarquèrent à la Pointe-du-Vieux-Fort, le 28 juin 1635, les premiers colonisateurs de l'île.

---

(1) Nous devons signaler la situation malheureuse de cette île, depuis son annexion. — Sa population diminue de jour en jour et la misère y est grande. — La métropole a le devoir d'apporter un prompt remède à cet état de choses.

LES SAINTES, canton de la Capesterre, arrondissement de la Basse-Terre ; 1,468 hab.; par mer, à 25 kil. 928 (par l'est) du chef-lieu, à 44 kil. 448 de la Pointe-à-Pitre. — Rade remarquable. Fortifications. — Maison centrale de force et de correction ; azalret ; Voir la notice, (page 53).

TROIS-RIVIÈRES, canton de la Capesterre, arrondissement de la Basse-Terre ; 4,560 hab.; à 14 kil. 746 de la Basse-Terre ; à 52 kil. 254 de la Pointe-à-Pitre; par mer, à 16 kil. 057 (par l'est) du chef-lieu, à 35 kil. 188 de la Pointe-à-Pitre; à 16 kil. 057 des Saintes.

VIEUX-FORT, canton et arrondissement de la Basse-Terre ; 957 hab.; à 21 kil. 074 de la Basse-Terre ; à 62 kil. 074 de la Pointe-à-Pitre; par mer, à 5 kil. 093 (par l'ouest) du chef-lieu.

VIEUX-HABITANTS, canton et arrondissement de la Basse-Terre ; 3,185 hab.; à 11 kil. de la Basse-Terre ; à 78 kil. de la Pointe-à-Pitre; par mer, à 8 kil. 019 par l'ouest du chef-lieu. — Coulée de la rivière des Habitants.

INDEX ALPHABÉTIQUE

1° GÉOGRAPHIE PHYSIQUE

2° GÉOGRAPHIE POLITIQUE

3° GÉOGRAPHIE ÉCONOMIQUE.

TABLE DES MATIÈRES

Bar-le-Duc — Typ. L. PHILIPONA et Cᵒ — 873

ERRATA

Page 19, lignes 19 et 25 ; page 20, ligne 1, *au lieu de* : Gozier *lisez* : Gosier.

Page 21, ligne 7, *au lieu de* : l'ilet à Cochons... *lisez* : les ilets à Cochons, à Monroux....

Page 21, ligne 26, *supprimez* : à Colas

Page 21, ligne 28, *au lieu de* : ilet à Biche *lisez* : ilet à la Brèche

Page 28, ligne 7, *au lieu de* : l'ilet du Petit Carénage *lisez* : les ilets du Petit Carénage...

Page 29, ligne 29, *après* le chiffre 2.500.000 *ajoutez* : le mot francs.

Page 30, ligne 4, *supprimez* : les ilets de la Voûte.

Page 32, ligne 17, *au lieu de* : l'ilet à Gourde (10m) *lisez* : l'ilet à Gourde (10m d'altitude).

Page 32, ligne 25, *au lieu de* : dont a diminué *lisez* : dont on a diminué.

Page 34, ligne 13, *au lieu de* : arrose le petit canal et le port Louis, *lisez* : arrose le Petit-Canal et le Port-Louis.

Page 44, ligne 24, *au lieu de* : phtisie *lisez* : phthisie.

Page 50, ligne 33, *après* : distribuer... *ajoutez* : aux pauvres.

Page 55, ligne 27, *au lieu de* : Marie Galande *lisez* : Marie-Galante.

Page 60, ligne 20, *au lieu de* : Bien que *lisez* : Quoique

Page 67, lignes 8 et 9, *au lieu de* : ce conseil nommait *lisez* : ces conseils nommaient

Page 71, ligne 5, *au lieu de* : conse ils *lisez* : conseils.

Page 73, ligne 6, *au lieu de* : 22 cantons, 34 communes *lisez* : 11 cantons, 33 communes

Page 76, ligne 18, *au lieu de* : coup de vent de 1875, *lisez* : coup de vent de 1865.

26 juin 98

Page 79, ligne 19, *au lieu de :* sa position le fit *lisez :* sa position la fit.

Page 79, ligne 22, *au lieu de :* la Pointt à Pitre *lisez :* la Pointe-à-Pitre

Page 82, ligne 29, *à la place de :* au lieu de la Pointe-à-Pitre *lisez :* au lieu de celle de la Pointe-à-Pitre

Page 90, ligne 24, *au lieu de :* Chercher à en corriger... *lisez :* Chercher à corriger

Page 96, ligne 7, *au lieu de :* iguame *lisez :* iguane

Pages 132, lignes 2 et 3, *au lieu de :* à long termes *lisez :* à long terme

www.ingramcontent.com/pod-product-compliance
Lightning Source LLC
Chambersburg PA
CBHW070625100426

42744CB00006B/602